本書係「敦煌文獻系統性保護整理出版工程」項目成果

二〇二一—二〇三五年國家古籍工作規劃重點出版項目

「十四五」國家重點出版物出版規劃項目

國家古籍整理出版專項經費資助項目

中國國家圖書館藏
敦煌文獻

中國國家圖書館 編

第七册

BD00085～BD00098

國家圖書館出版社

DUNHUANG MANUSCRIPTS IN THE NATIONAL LIBRARY OF CHINA

007

BD00085 ~ BD00098

compiled by the

National Library of China

National Library of China Publishing House

顧問　方廣錩　郝春文　榮新江　李際寧

編纂出版　張志清　魏崇　陳紅彦　殷夢霞　薩仁高娃
謝冬榮　劉波　林世田　廖生訓

編纂　林世田　薩仁高娃　常蓋心　于瑞　劉毅超
劉波　劉炳梅　周升川　劉婷　程佳羽
沈艷麗　高雅

編輯　潘竹　程魯潔　黄鑫　苗文葉

審稿　孫彦　耿素麗　宋志英　鄧咏秋

凡例

一　本書刊布中國國家圖書館藏敦煌文獻，以館藏編號爲序編排。

二　館藏編號采用「BD+流水號」格式，如BD00001, BD16579等。背面在編號後加v表示。一個編號包含多件文獻者，編號後分别綴以字母A, B, C等。一件文獻含有多個内容者，以數字-1, -2, -3等標明順序。

三　圖版有縮印或放大處另加説明，尺寸超出本書幅面的以摺葉形式呈現。

四　卷軸裝、梵夾裝、經摺裝等裝幀形制的敦煌文獻，各附外觀圖像。

五　每件文獻依次呈現外觀、正面、背面等。背面僅刊布有文字、圖像或其他要素的圖版，而略去素紙部分，背面圖版同樣以從右到左順序編排。凡有外題者，遵從以上原則。

六　除個别特殊情況外，爲保證閲讀連貫、流暢，圖版儘量通欄呈現。

七　各葉上方附該件文獻全圖，以高亮形式顯示本葉大圖在全卷中的位置。部分長卷文獻全圖衹能分多段呈現時，在上段末以‹符標示下段接續。卷尾内容不足一葉時，文獻全圖使用該圖卷尾部分，亦以‹符標示。背面圖版文字與正面文字方向相反時，文獻全圖按原貌顯示，正文翻轉呈現，以便閲讀研究，用↻符標示。

八　文獻題名大體沿用中國國家圖書館此前所編多部敦煌文獻目録的考證，部分吸收學界最新研究成果略作調整和完善。文獻題名綜合參考原卷首題、尾題、外題確定，如原卷題名與該文獻正式名稱不同，則采用正式名稱；無題名者，或比定題名，或擬定新名。非漢文文獻在題名前標注語種。有分卷不同等其他情況者，括注於文獻名稱後。

九　本書著録使用通行繁體字，涉及原文中的人名、地名等，必要時保留原字形。

About this publication

1. The documents are presented in shelfmark order.
2. The shelfmarks are in the form BD plus a running number, eg. BD00001, BD16579, &c. If a given shelfmark contains multiple documents, these are distinguished by the letters A, B, C, &c. If a document has multiple contents, they are distinguished by the numbering 1, 2, 3, &c. The verso side of an item is indicated by the letter v.
3. If it has been necessary to reduce or enlarge the size of an illustration, the dimensions are indicated. If the size of an illustration exceeds the size of the book, a folding sheet is used.
4. If the document is a scroll, a folded sutra, or has a stitched binding, a picture of the whole object is provided to show its external appearance.
5. The cover, front, and back of each document are reproduced in sequence. The back of a document is only reproduced if it contains text, illustrations, or other markings, and it is oriented from right to left. If it is blank it is not reproduced.
6. Except in a few special cases, the lines of text are reproduced unbroken to make them coherent and easier to read.
7. An illustration of the complete document is reproduced at the top of each page, and the section where the main illustration appears is highlighted in order to indicate its position. If it has only been possible to reproduce a long scroll in sections, the direction symbol has been used to indicate where one illustration ends and the next one begins. If the end of the scroll occupies less than one page, the direction symbol is used to indicate its position in the illustration of the complete document. If the text on the back of the document has a different orientation from the text on the front, it is reproduced as it is, but is also rotated (indicated with the rotation symbol) so that it can be read easily.
8. The titles of the documents generally conform with those already established by the Library, but in some cases have been amended by drawing on the most recent scholarly research. The titles are derived firstly from the beginning of the text, then from the end of the text, and lastly from the cover. If the title of a document differs from its authoritative form, the authoritative form is used; and if a document has no title, one is either supplied by comparison with similar documents, or a new one is devised. If the document is not in Chinese, its language is indicated before the title. If the number of juan is different from that of the authoritative version, or if there are other irregularities, this is noted.
9. The documents in the book are in traditional Chinese characters. Where the title contains personal or place names, the original characters used for these names are retained.

(Translated by David Helliwell)

第七册目録

BD00085　妙法蓮華經卷四

（後秦）鳩摩羅什 譯

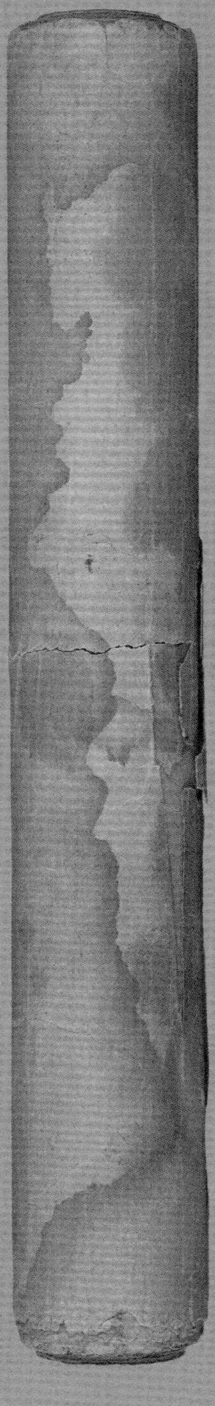

488.8cm × 26.7cm

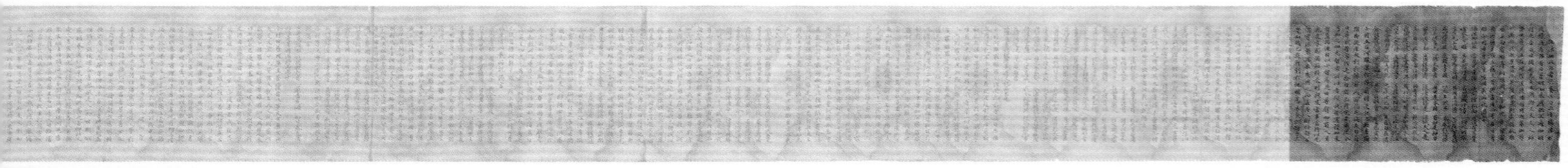

[illegible]
憍陳如比丘當供養六万二千億佛然
後得成為佛号曰普明如来應供正遍知明
行足善逝世間解无上士調御丈夫天人師
佛世尊其五百阿羅漢優樓頻螺迦葉伽耶
迦葉那提迦葉迦留陀夷優陀夷阿㝹樓馱離
婆多劫賓那薄拘羅周陀莎伽陀等皆當
得阿耨多羅三藐三菩提盡同一号名曰普
明尒時世尊欲重宣此義而說偈言
憍陳如比丘　當見无量佛　過阿僧祇劫　乃成等正覺
常放大光明　具足諸神通　名聞遍十方　一切之所敬
常說无上道　故号為普明　其國土清淨　菩薩皆勇猛
咸昇妙樓閣　遊諸十方國　以无上供具　奉獻於諸佛
作是供養已　心懷大歡喜　須臾還本國　有如是神力

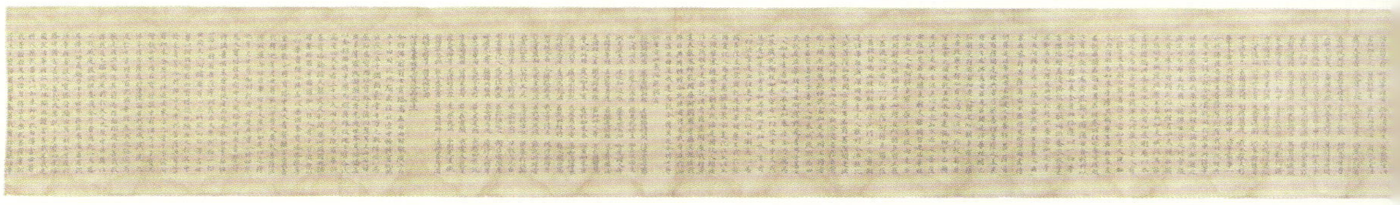

佛壽六万劫　正法住倍壽　像法復倍是　法滅天人憂
其五百比丘　次第當作佛　同号曰普明　轉次而授記
我滅度之後　某甲當作佛　其所化世間　亦如我今日
國土之嚴淨　及諸神通力　菩薩聲聞衆　正法及像法
壽命劫多少　皆如上所說　迦葉汝已知　五百自在者
餘諸聲聞衆　亦當復如是　其不在此會　汝當為宣說
尒時五百阿羅漢於佛前得受記已歡喜踊
躍即從座起到於佛前頭面礼足悔過自責
世尊我等常作是念自謂已得究竟滅度今
乃知之如无智者所以者何我等應得如来
智慧而便自以小智為足世尊譬如有人至
親友家醉酒而卧是時親友官事當行以无
價寶珠繫其衣裏與之而去其人醉卧都不
覺知起已遊行到於他國為衣食故勤力求

覺知起已遊行到於他國為衣食故勤力求
索甚大艱難若少有所得便以為足於後親
友會遇見之而作是言咄哉丈夫何為衣食
乃至如是我昔欲令汝得安樂五欲自恣於
其年日月以无價寶珠繫汝衣裏今故現在
而汝不知勤苦憂惱以求自活甚為癡也汝
今可以此寶貿易所須常可如意无所乏短
佛亦如是為菩薩時教化我等令發一切智
心而尋癈忘不知不覺既得阿羅漢道自謂
滅度資生艱難得少為足一切智願猶在不
失今者世尊覺悟我等作如是言諸比丘汝
等所得非究竟滅我久令汝等種佛善根以
方便故示涅槃相而汝謂為實得滅度世尊
我今乃知實是菩薩得受阿耨多羅三藐三

菩提記以是因緣甚大歡喜得未曾有尒時

阿若憍陳如等欲重宣此義而說偈言

我等聞无上　安隱授記聲　歡喜未曾有　礼无量智佛

今於世尊前　自悔諸過咎　於无量佛寶　得少涅槃分

如无智愚人　便自以為足　譬如貧窮人　往至親友家

其家甚大富　具設諸餚饍　以无價寶珠　繫著內衣裏

嘿與而捨去　時臥不覺知　是人既已起　遊行詣他國

求衣食自濟　資生甚艱難　得少便為足　更不願好者

不覺內衣裏　有无價寶珠　與珠之親友　後見此貧人

苦切責之已　示以所繫珠　貧人見此珠　其心大歡喜

富有諸財物　五欲而自恣　我等亦如是　世尊於長夜

常愍見教化　令種无上願　我等无智故　不覺亦不知

得少涅槃分　自足不求餘　今佛覺悟我　言非實滅度

得佛无上慧　尒乃為真滅　我今從佛聞　授記莊嚴事

BD00085　妙法蓮華經卷四

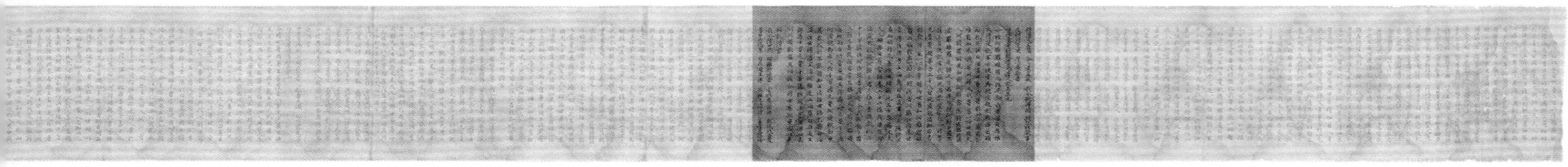

得佛无上慧　尒乃爲真滅　我今從佛聞　授記莊嚴事
及轉次受決　身心遍歡喜

妙法蓮華經授學无學人記品第九

尒時阿難羅睺羅而作是念我等每自思惟
設得受記不亦快乎即從座起到於佛前頭
面礼足俱白佛言世尊我等於此亦應有分
唯有如來我等所歸又我等爲一切世間天
人阿脩羅所見知識阿難常爲侍者護持法
藏羅睺羅是佛之子若佛見授阿耨多羅三
藐三菩提記者我願既滿衆望亦足尒時學
无學聲聞弟子二千人皆從座起偏袒右肩
到於佛前一心合掌瞻仰世尊如阿難羅睺
羅所願住立一面尒時佛告阿難汝於來世
當得作佛号山海慧自在通王如來應供正

遍知明行足善逝世間解无上士調御丈夫
天人師佛世尊當供養六十二億諸佛護持
法藏然後得阿耨多羅三藐三菩提教化二
十千万億恒河沙諸菩薩等令成阿耨多羅
三藐三菩提國名常立勝幡其土清淨瑠璃
爲地劫名妙音遍滿其佛壽命无量千万億
阿僧祇劫若人於千万億无量阿僧祇劫中
算數校計不能得知正法住世倍於壽命像
法住世復倍正法阿難是山海慧自在通王
佛爲十方无量千万億恒河沙等諸佛如来
所共讚歎稱其功德尒時世尊欲重宣此義
而說偈言

我今僧中說　阿難持法者　當供養諸佛　然後成正覺
號曰山海慧　自在通王佛　其國土清淨　名常立勝幡

号曰山海慧　自在通王佛　其國土清淨　名常立勝幡
教化諸菩薩　其數如恒沙　佛有大威德　名聞滿十方
壽命无有量　以愍衆生故　正法倍壽命　像法復倍是
如恒河沙等　无量諸衆生　於此佛法中　種佛道因緣
尒時會中新發意菩薩八千人咸作是念我
等尚不聞諸大菩薩得如是記有何因緣而
諸聲聞得如是決尒時世尊知諸菩薩心之
所念而告之曰諸善男子我與阿難等於空
王佛所同時發阿耨多羅三藐三菩提心阿
難常樂多聞我常勤精進是故我已得成阿
耨多羅三藐三菩提而阿難護持我法亦護
將來諸佛法藏教化成就諸菩薩衆其本願
如是故獲斯記阿難面於佛前自聞授記及

時憶念過去无量千万億諸佛法藏通達无
礙如今所聞亦識本願尒時阿難而說偈言
世尊甚希有　令我念過去　无量諸佛法　如今日所聞
我今无復疑　安住於佛道　方便爲侍者　護持諸佛法
尒時佛告羅睺羅汝於來世當得作佛号蹈
七寶華如来應供正遍知明行足善逝世間
解无上士調御丈夫天人師佛世尊當供養
十世界微塵等數諸佛如来常爲諸佛而作
長子猶如今也是蹈七寶華佛國土莊嚴壽
命劫數所化弟子正法像法亦如山海慧自
在通王如来无異亦爲此佛而作長子過是
已後當得阿耨多羅三藐三菩提尒時世尊
欲重宣此義而說偈言
我爲太子時　羅睺爲長子　我今成佛道　受法爲法子

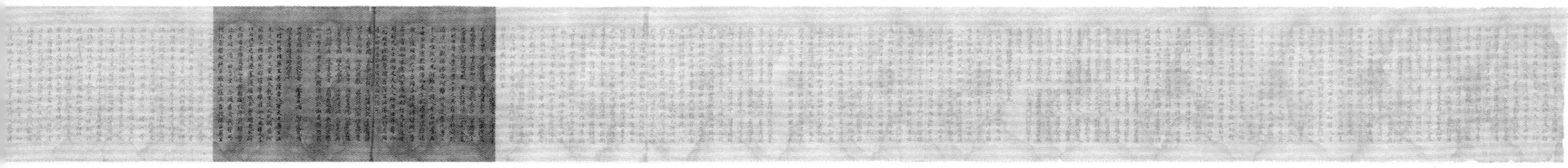

我爲太子時　羅睺爲長子　我今成佛道　受法爲法子
於未來世中　見无量億佛　皆爲其長子　一心求佛道
羅睺羅密行　唯我能知之　現爲我長子　以示諸衆生
无量億千万　功德不可數　安住於佛法　以求无上道
尒時世尊見學无學二千人其意柔軟寂然
清淨一心觀佛佛告阿難汝見是學无學二
千人不唯然已見阿難是諸人等當供養五
十世界微塵數諸佛如來恭敬尊重護持法
藏末後同時於十方國各得成佛皆同一号
名曰寶相如來應供正遍知明行足善逝世
間解无上士調御丈夫天人師佛世尊壽命
一劫國土莊嚴聲聞菩薩正法像法皆悉同
等尒時世尊欲重宣此義而說偈言
是二千聲聞　今於我前住　悉皆與授記　未來當成佛
所供養諸佛　如上說塵數　護持其法藏　後當成正覺

各於十方國　悉同一名號　俱時坐道場　以證无上慧
皆名爲寶相　國土及弟子　正法與像法　悉等无有異
咸以諸神通　度十方衆生　名聞普周遍　漸入於涅槃
尒時學无學二千人聞佛授記歡喜踊躍而
說偈言
世尊慧燈明　我聞授記音　心歡喜充滿　如甘露見灌

妙法蓮華經法師品第十

尒時世尊因藥王菩薩告八万大士藥王汝
見是大衆中无量諸天龍王夜叉乾闥婆阿
脩羅迦樓羅緊那羅摩睺羅伽人與非人及
比丘比丘尼優婆塞優婆夷求聲聞者求辟
支佛者求佛道者如是等類咸於佛前聞妙
法華經一偈一句乃至一念隨喜者我皆與
授記當得阿耨多羅三藐三菩提佛告藥王

授記當得阿耨多羅三藐三菩提佛告藥王
又如來滅度之後若有人聞妙法華經乃至
一偈一句一念隨喜者我亦與授阿耨多羅
三藐三菩提記若復有人受持讀誦解說書
寫妙法華經乃至一偈於此經卷敬視如佛
種種供養華香瓔珞末香塗香燒香繒蓋幢
幡衣服伎樂乃至合掌恭敬藥王當知是諸
人等已曾供養十万億佛於諸佛所成就大
願愍衆生故生此人間藥王若有人問何等
衆生於未來世當得作佛應示是諸人等於
未來世必得作佛何以故若善男子善女人
於法華經乃至一句受持讀誦解說書寫種
種供養經卷華香瓔珞末香塗香燒香繒蓋
幢幡衣服伎樂合掌恭敬是人一切世間所

應瞻奉應以如来供養而供養之當知此人
是大菩薩成就阿耨多羅三藐三菩提哀愍
衆生願生此間廣演分別妙法華経何況盡
能受持種種供養者藥王當知是人自捨清
淨業報於我滅度後愍衆生故生於悪世廣
演此経若是善男子善女人我滅度後能竊
為一人說法華経乃至一句當知是人則如
来使如来所遣行如来事何況於大衆中廣
為人說藥王若有悪人以不善心於一劫中
現於佛前常毀罵佛其罪尚輕若人以一悪
言毀呰在家出家讀誦法華経者其罪甚重
藥王其有讀誦法華経者當知是人以佛莊
嚴而自莊嚴則為如来肩所荷擔其所至方
應隨向礼一心合掌恭敬供養尊重讚歎華

BD00085　妙法蓮華經卷四

應隨向禮一心合掌恭敬供養尊重讚歎華
香瓔珞末香塗香燒香繒蓋幢幡衣服餚饌
作諸伎樂人中上供而供養之應持天寶而
以散之天上寶聚應以奉獻所以者何是人
歡喜說法須臾聞之即得究竟阿耨多羅三
藐三菩提故尒時世尊欲重宣此義而說偈言
若欲住佛道　成就自然智　常當勤供養　受持法華者
其有欲疾得　一切種智慧　當受持是經　并供養持者
若有能受持　妙法華經者　當知佛所使　愍念諸衆生
諸有能受持　妙法華經者　捨於清淨土　愍衆故生此
當知如是人　自在所欲生　能於此惡世　廣說无上法
應以天華香　及天寶衣服　天上妙寶聚　供養說法者
吾滅後惡世　能持是經者　當合掌禮敬　如供養世尊
上饌衆甘美　及種種衣服　供養是佛子　冀得須臾聞

若能於後世　受持是經者　我遣在人中　行於如來事
若於一劫中　常懷不善心　作色而罵佛　獲无量重罪
其有讀誦持　是法華經者　須臾加惡言　其罪復過彼
有人求佛道　而於一劫中　合掌在我前　以无數偈讚
由是讚佛故　得无量功德　歎美持經者　其福復過彼
於八十億劫　以最妙色聲　及與香味觸　供養持經者
如是供養已　若得須臾聞　則應自欣慶　我今獲大利
藥王今告汝　我所說諸經　而於此經中　法華最第一
尒時佛復告藥王菩薩摩訶薩我所說經典
无量千万億已說今說當說而於其中此法華
經最為難信難解藥王此經是諸佛祕要之
藏不可分布妄授與人諸佛世尊之所守護
從昔已來未曾顯說而此經者如來現在猶
多怨嫉況滅度後藥王當知如來滅後其能

BD00085　妙法蓮華經卷四

多怨嫉况滅度後藥王當知如來滅後其能
書持讀誦供養為他人說者如來則為以衣
覆之又為他方現在諸佛之所護念是人有
大信力及志願力諸善根力當知是人與如
來共宿則為如來手摩其頭藥王在在處處
若說若讀若誦若書若經卷所住之處皆應起
七寶塔極令高廣嚴飾不須復安舍利所以
者何此中已有如來全身此塔應以一切華
香瓔珞繒蓋幢幡伎樂歌頌供養恭敬尊重
讚歎若有人得見此塔礼拜供養當知是等
皆近阿耨多羅三藐三菩提藥王多有人在
家出家行菩薩道若不能得見聞讀誦書持
供養是法華經者當知是人未善行菩薩道
若有得聞是經典者乃能善行菩薩之道其

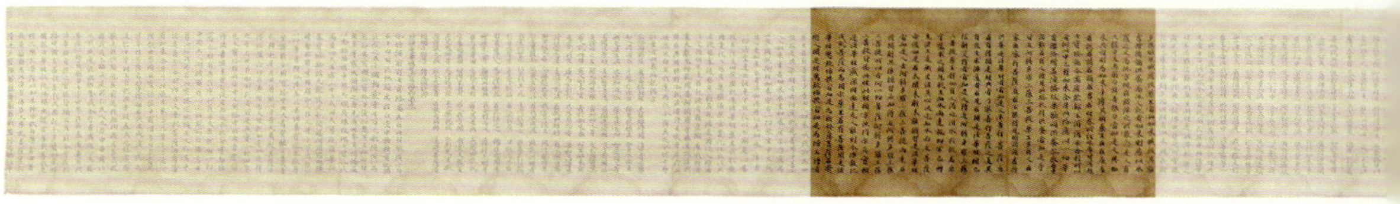

行菩薩道者若見若聞是法華經聞已
信解受持者當知是人得近阿耨多羅三藐
三菩提藥王譬如有人渴之須水於彼高原
穿鑿求之猶見乾土知水尚遠施功不已轉
見濕土遂漸至泥其心決定知水必近菩薩
亦復如是若未聞未解未能脩習是法華經
當知是人去阿耨多羅三藐三菩提尚遠若
得聞解思惟脩習必知得近阿耨多羅三藐
三菩提所以者何一切菩薩阿耨多羅三藐
三菩提皆屬此經此經開方便門示真實相
是法華經藏深固幽遠無人能到今佛教化
成就菩薩而為開示藥王若有菩薩聞是法
華經驚疑怖畏當知是為新發意菩薩若聲
聞人聞是經驚疑怖畏當知是為增上慢者

聞人聞是經驚疑怖畏當知是爲增上慢者
藥王若有善男子善女人如來滅後欲爲四
衆說是法華經者云何應說是善男子善女
人入如來室著如來衣坐如來座尒乃應爲
四衆廣說斯經如來室者一切衆生中大慈
悲心是如來衣者柔和忍辱心是如來座者
一切法空是安住是中然後以不懈怠心爲
諸菩薩及四衆廣說是法華經藥王我於餘
國遣化人爲其集聽法衆亦遣化比丘比丘
尼優婆塞優婆夷聽其說法是諸化人聞法
信受隨順不逆若說法者在空閑處我時廣
遣天龍鬼神乾闥婆阿脩羅等聽其說法我
雖在異國時時令說法者得見我身若於此
經忘失句逗我還爲說令得具足尒時世尊
欲重宣此義而說偈言

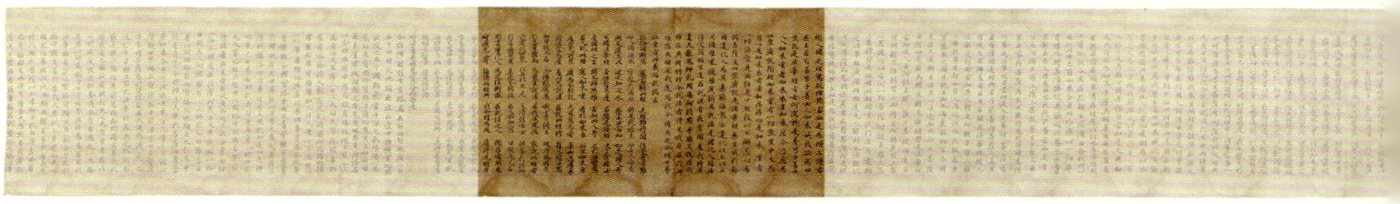

欲捨諸懈怠　應當聽此經　是經難得聞　信受者亦難
如人渴須水　穿鑿於高原　猶見乾燥土　知去水尚遠
漸見濕土泥　決定知近水　藥王汝當知　如是諸人等
不聞法華經　去佛智甚遠　若聞是深經　決了聲聞法
是諸經之王　聞已諦思惟　當知此人等　近於佛智慧
若人說此經　應入如來室　著於如來衣　而坐如來座
處衆无所畏　廣為分別說　大慈悲為室　柔和忍辱衣
諸法空為座　處此為說法　若說此經時　有人惡口罵
加刀杖瓦石　念佛故應忍　我千萬億土　現淨堅固身
於无量億劫　為衆生說法　若我滅度後　能說此經者
我遣化四衆　比丘比丘尼　及清信士女　供養於法師
引導諸衆生　集之令聽法　若人欲加惡　刀杖及瓦石
則遣變化人　為之作衛護　若說法之人　獨在空閑處
寂漠无人聲　讀誦此經典　我爾時為現　清淨光明身

則遣變化人　為之作衛護　若說法之人　獨在空閑處
寂漠无人聲　誦讀此經典　我尒時為現　清淨光明身
若忘失章句　為說令通利　若人具是德　或為四衆說
空處誦讀經　皆得見我身　若人在空閑　我遣天龍王
夜叉鬼神等　為作聽法衆　是人樂說法　分別无罣礙
諸佛護念故　能令大衆喜　若親近法師　速得菩薩道
隨順是師學　得見恒沙佛

妙法蓮華經見寶塔品第十一

尒時佛前有七寶塔高五百由旬縱廣二百
五十由旬從地踊出住在空中種種寶物而
莊校之五千欄楯龕室千万无數幢幡以為
嚴飾垂寶瓔珞寶鈴万億而懸其上四面皆
出多摩羅跋栴檀之香充遍世界其諸幡蓋
以金銀瑠璃車渠馬瑙真珠玫瑰七寶合成
高至四天王宮三十三天雨天曼陁羅華供

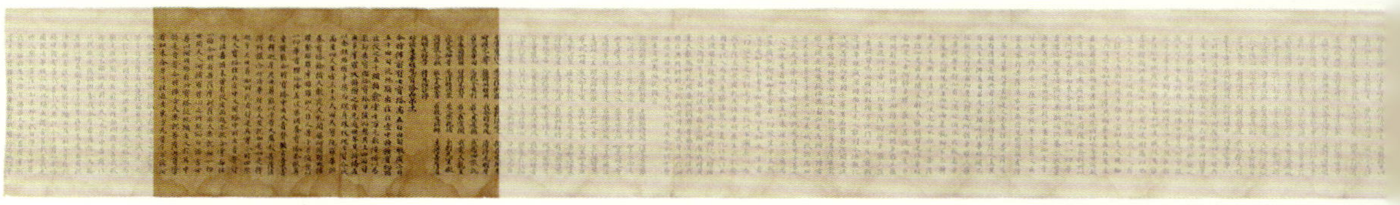

養寶塔餘諸天龍夜叉乾闥婆阿脩羅迦樓
羅緊那羅摩睺羅伽人非人等千万億眾以
一切華香瓔珞幡蓋伎樂供養寶塔恭敬尊
重讚歎尒時寶塔中出大音聲歎言善哉善
哉釋迦牟尼世尊能以平等大慧教菩薩法
佛所護念妙法華經為大眾說如是如是釋
迦牟尼世尊如所說者皆是真實尒時四眾
見大寶塔住在空中又聞塔中所出音聲皆
得法喜怪未曾有從座而起恭敬合掌却住
一面尒時有菩薩摩訶薩名大樂說知一切
世間天人阿脩羅等心之所疑而白佛言世
尊以何因緣有此寶塔從地踊出又於其中
發是音聲尒時佛告大樂說菩薩此寶塔中
有如來全身乃往過去東方无量千万億阿

有如来全身乃往過去東方无量千万億阿
僧祇世界國名寶淨彼中有佛号曰多寶其
佛本行菩薩道時作大誓願若我佛成滅度之
後於十方國土有說法華經處我之塔廟為
聽是經故踊現其前為作證明讚言善哉彼
佛成道已臨滅度時於天人大衆中告諸比
丘我滅度後欲供養我全身者應起一大塔
其佛以神通願力十方世界在在處處若有說
法華經者彼之寶塔皆踊出其前全身在於
塔中讚言善哉善哉大樂說今多寶如来塔
聞說法華經故從地踊出讚言善哉善哉是
時大樂說菩薩以如来神力故白佛言世尊
我等願欲見此佛身佛告大樂說菩薩摩訶
薩是多寶佛有深重願若我寶塔為聽法華

BD00086 妙法蓮華經卷三

（後秦）鳩摩羅什 譯

836.4cm × 25.7cm

士調御丈夫天人師佛世尊
大莊嚴佛壽十二小劫正法住
像法亦住二十小劫國界嚴飾无諸穢惡
礫荊棘便利不淨其土平政无有高下坑坎
堆阜瑠璃爲地寶樹行列黄金爲繩以界道
側散諸寶華周遍清淨其國菩薩无量千億
諸聲聞衆亦復无數无有魔事雖有魔及魔
民皆護佛法尒時世尊欲重宣此義而説偈
言
告諸比丘　我以佛眼　見是迦葉　於未來世
過无數劫　當得作佛
而於來世　供養奉覲　三百万億　諸佛世尊
爲佛智慧　淨脩梵行　供養最上　二足尊已

修習一切 无上之慧 於最後身 得成為佛
其土清淨 瑠璃為地 多諸寶樹 行列道側
金繩界道 見者歡喜 常出好香 散衆名華
種種奇妙 以為莊嚴 其地平政 无有丘坑
諸菩薩衆 不可稱計 其心調柔 逮大神通
奉持諸佛 大乘經典 諸聲聞衆 无漏後身
法王之子 亦不可計 乃以天眼 不能數知
其佛當壽 十二小劫 正法住世 二十小劫
像法亦住 二十小劫 光明世尊 其事如是
尒時大目揵連須菩提摩訶迦旃延等皆悉
悚慄一心合掌瞻仰世尊目不蹔捨即共同
聲而說偈言
大雄猛世尊 諸釋之法王 哀愍我等故 而賜佛音聲
若知我深心 見為授記者 如以甘露灑 除熱得清涼

大雄猛世尊　諸釋之法王　哀愍我等故　而賜佛音聲
若知我深心　見為授記者　如以甘露灑　除熱得清涼
如從飢國來　忽遇大王膳　心猶懷疑懼　未敢即便食
若復得王教　然後乃敢食　我等亦如是　每惟小乘過
不知當云何　得佛无上慧　雖蒙佛音聲　言我等作佛
心尚懷憂懼　如未敢便食　若蒙佛授記　尒乃快安樂
大雄猛世尊　常欲安世間　願賜我等記　如飢須教食
尒時世尊知諸大弟子心之所念告諸比丘
是須菩提於當來世奉覲三百万億那由他
佛供養恭敬尊重讚歎常脩梵行具菩薩道
於最後身得成為佛号曰名相如來應供正
遍知明行足善逝世間解无上士調御丈夫
天人師佛世尊劫名有寶國名寶生其土平

頗梨為地寶樹莊嚴无諸丘坑沙礫荊棘
便利之穢寶華覆地周遍清淨其土人民皆
處寶臺珎妙樓閣聲聞弟子无量无邊筭數
譬喻所不能知諸菩薩衆无數千万億那由
他佛壽十二小劫正法住世二十小劫像法
亦住二十小劫其佛常處虛空為衆說法度
脫无量菩薩及聲聞衆尒時世尊欲重宣此
義而說偈言
諸比丘衆　今告汝等　皆當一心　聽我所說
我大弟子　須菩提者　當得作佛　号曰名相
當供无數　万億諸佛　隨佛所行　漸具大道
㝡後身得　三十二相　端政姝妙　猶如寶山
其佛國土　嚴淨苐一　衆生見者　无不愛樂
佛於其中　度无量衆　其佛法中　多諸菩薩

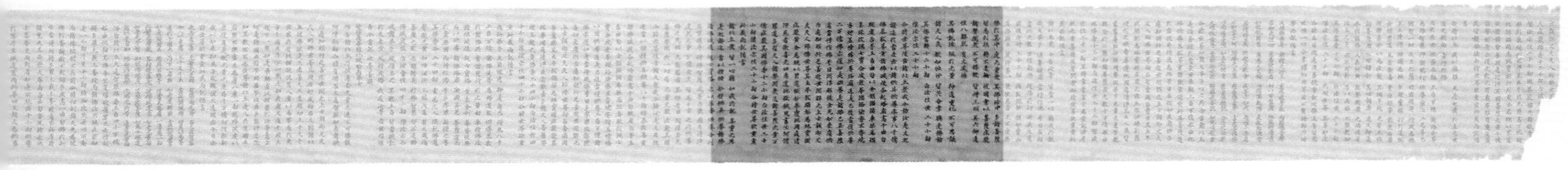

佛於其中　度无量衆　其佛法中　多諸菩薩
皆悉利根　轉不退輪　彼國常以　菩薩莊嚴
諸聲聞衆　不可稱數　皆得三明　具六神通
住八解脫　有大威德
其佛說法　現於无量　神通變化　不可思議
諸天人民　數如恒沙　皆共合掌　聽受佛語
其佛當轉　十二小劫　正法住世　二十小劫
像法亦住　二十小劫
尒時世尊復告諸比丘衆我今語汝是大迦
旃延於當來世以諸供具供養奉事八千億
佛恭敬尊重諸佛滅後各起塔廟高千由旬
縱廣正等五百由旬以金銀琉璃車𤦲馬瑙
眞珠玫瑰七寶合成衆華瓔珞塗香末香燒

香繒蓋幢幡供養塔廟過是已後當復供養
二万億佛亦復如是供養是諸佛已具菩薩
道當得作佛号曰閻浮那提金光如來應供
正遍知明行足善逝世間解无上士調御丈
夫天人師佛世尊其土平政頗梨為地寶樹
莊嚴黄金為繩以界道側妙華覆地周遍清
淨見者歡喜无四惡道地獄餓鬼畜生阿脩
羅道多有天人諸聲聞衆及諸菩薩无量万
億莊嚴其國佛壽十二小劫正法住世二十
小劫像法亦住二十小劫尒時世尊欲重宣
此義而說偈言
諸比丘衆　皆一心聽　如我所說　真實无異
是迦旃延　當以種種　妙好供具　供養諸佛
諸佛滅後　起七寶塔　亦以華香　供養舍利

是迦旃延當以種種妙好供具供養諸佛
諸佛滅後起七寶塔亦以華香供養舍利
其最後身得佛智慧成等正覺國土清淨
度脫无量万億衆生皆爲十方之所供養
佛之光明无能勝者其佛号曰閻浮金光
菩薩聲聞斷一切有无量无數莊嚴其國
尒時世尊復告諸大衆我今語汝是大目揵
連當以種種供具供養八千諸佛恭敬尊重
諸佛滅後各起塔廟高千由旬縱廣正等五
百由旬以金銀瑠璃車𤦲馬瑙真珠玫瑰七
寶合成衆華瓔珞塗香末香燒香繒蓋幢幡
以用供養過是已後當復供養二百万億諸
佛亦復如是當得成佛号曰多摩羅跋栴檀

香如來應供正遍知明行足善逝世間解无
上士調御丈夫天人師佛世尊劫名喜滿国
名意樂其土平政頗梨為地寶樹莊嚴散真
珠華周遍清淨見者歡喜多諸天人菩薩聲
聞其數无量佛壽二十四小劫正法住世四
十小劫像法亦住四十小劫尒時世尊欲重
宣此義而說偈言
我此弟子　大目揵連　捨是身已　得見八千
二百万億　諸佛世尊　為佛道故　供養恭敬
於諸佛所　常脩梵行　於无量劫　奉持佛法
諸佛滅後　起七寶塔　長表金剎　華香伎樂
而以供養　諸佛塔廟　漸漸具足　菩薩道已
於意樂国　而得作佛　号多摩羅　旃檀之香
其佛壽命　二十四劫　常為天人　演說佛道

於意樂國　而得作佛　号多摩羅　旃檀之香
其佛壽命　二十四劫　常爲天人　演說佛道
聲聞无量　如恒河沙　三明六通　有大威德
菩薩无數　志固精進　於佛智慧　皆不退轉
佛滅度後　正法當住　四十小劫　像法亦尒
我諸弟子　威德具足　其數五百　皆當授記
於未來世　咸得成佛　我及汝等　宿世因緣
吾今當說　汝等善聽

妙法蓮華經化城喻品第七

佛告諸比丘乃往過去无量无邊不可思議
阿僧祇劫尒時有佛名大通智勝如來應供
正遍知明行足善逝世間无上士調御丈夫
天人師佛世尊其國名好成劫名大相諸比

丘彼佛滅度已來甚大久遠譬如三千大千
世界所有地種假使有人磨以為墨過於東
方千國土乃下一點大如微塵又過千國土
復下一點如是展轉盡地種墨於汝等意云
何是諸國土若筭師若筭師弟子能得邊際
知其數不不也世尊諸比丘是人所逕國土
若點不點盡末為塵一塵一劫彼佛滅度以
來復過是數无量无邊百千万億阿僧祇劫
我以如來知見力故觀彼久遠猶若今日尒
時世尊欲重宣此義而說偈言
我念過去世　无量无邊劫　有佛兩足尊　名大通智勝
如人以力磨　三千大千土　盡此諸地種　皆悉以為墨
過於千國土　乃下一塵點　如是展轉點　盡此諸塵墨
如是諸國土　點與不點等　復盡抹為塵　一塵為一劫

過於千國土　乃下一塵點　如是展轉點　盡此諸塵墨
如是諸國土　點與不點等　復盡末為塵　一塵為一劫
此諸微塵數　其劫復過是　彼佛滅度來　如是无量劫
如來无导智　知彼佛滅度　及聲聞菩薩　如見今滅度
諸比丘當知　佛智淨微妙　无漏无所导　通達无量劫
佛告諸比丘大通智勝佛壽五百四十万億
那由他劫其佛本坐道場破魔軍已垂得阿
耨多羅三藐三菩提而諸佛法不現在前如
是一小劫乃至十小劫結跏趺坐身心不動
而諸佛法猶不在前尒時忉利諸天先為彼
佛於菩提樹下敷師子座高一由旬佛於此
坐當得阿耨多羅三藐三菩提適坐此座時
諸梵天王雨衆天華面百由旬香風時來吹

去萎華更雨新者如是不絕滿十小劫供養
於佛乃至滅度常雨此華四王諸天為供養
佛常擊天鼓其餘諸天作天伎樂滿十小劫
至于滅度亦復如是諸比丘大通智勝佛過
十小劫諸佛之法乃現在前成阿耨多羅三
藐三菩提其佛未出家時有十六子其第一
者名曰智積諸子各有種種珍異玩好之具
聞父得成阿耨多羅三藐三菩提皆捨所珍
往詣佛所諸母涕泣而隨送之其祖轉輪聖
王與一百大臣及餘百千万億人民皆共圍
遶隨至道場咸欲親近大通智勝如來供養
恭敬尊重讚歎到已頭面礼足遶佛畢已一
心合掌瞻仰世尊以偈頌曰

恭敬尊重讚歎到已頭面禮足繞佛畢已一
心合掌瞻仰世尊以偈頌曰
大威德世尊　為度衆生故　於无量億劫　尒乃得成佛
諸願已具足　善哉吉无上　世尊甚希有　一坐十小劫
身體及手足　靜然安不動　其心常惔怕　未曾有散亂
究竟永寂滅　安住无漏法　今者見世尊　安隱成佛道
我等得善利　稱慶大歡喜　衆生常苦惱　盲冥无導師
不識苦盡道　不知求解脫　長夜增惡趣　減損諸天衆
從冥入於冥　永不聞佛名　今佛得最上　安隱无漏道
我等及天人　為得最大利　是故咸稽首　歸命无上尊
尒時十六王子偈讚佛已勸請世尊轉於法
輪咸作是言世尊說法多所安隱憐愍饒益
諸天人民重說偈言
世雄无等倫　百福自莊嚴　得无上智慧　願為世間說

及諸衆生類　為分別顯示　令得是智慧
若我等得佛　衆生亦復然　世尊知衆生　深心之所念
亦知所行道　又知智慧力　欲樂及脩福　宿命所行業
世尊悉知已　當轉無上輪
佛告諸比丘大通智勝佛得阿耨多羅三藐
三菩提時十方各五百万億諸佛世界六種
震動其國中間幽冥之處日月威光所不能
照而皆大明其中衆生各得相見咸作是言
此中云何忽生衆生又其國界諸天宮殿乃
至梵宮六種震動大光普照遍滿世界勝諸
天光尒時東方五百万億諸國土中梵天宮
殿光明照耀倍於常明諸梵天王各作是念
今者宮殿光明昔所未有以何因緣而現此

今者宮殿光明昔所未有以何因緣而現此
相是時諸梵天王即各相詣共議此事時彼
衆中有一大梵天王名救一切爲諸梵衆而
說偈言
我等諸宮殿　光明昔未有　此是何因緣　宜各共求之
爲大德天生　爲佛出世間　而此大光明　遍照於十方
尒時五百万億國土諸梵天王與宮殿俱各
以衣裓盛諸天華共詣西方推尋是相見大
通智勝如來處于道場菩提樹下坐師子座
諸天龍王乾闥婆緊那羅摩睺羅伽人非人
等恭敬圍遶及見十六王子請佛轉法輪即
時諸梵天王頭面礼佛遶百千匝即以天華
而散佛上其所散華如須弥山并以供養佛

菩提樹其菩提樹高十由旬華供養已各以
宮殿奉上彼佛而作是言唯見哀愍饒益我
等所獻宮殿願垂納受尒時諸梵天王即於
佛前一心同聲以偈頌曰
世尊甚希有　難可得值遇　具无量功德　能救護一切
天人之大師　哀愍於世間　十方諸衆生　普皆蒙饒益
我等所從來　五百万億國　捨深禪定樂　爲供養佛故
尒時諸梵天王偈讚佛已各作是言唯願世
尊轉於法輪度脫衆生開涅槃道時諸梵天
王一心同聲而說偈言
世雄兩足尊　唯願演說法　以大慈悲力　度苦惱衆生
尒時大通智勝如來黙然許之又諸比丘東
南方五百万億國土諸梵天王各自見宮殿

介時大通智勝如來默然許之又諸比丘
南方五百万億國土諸梵天王各自見宮殿
光明照曜昔所未有歡喜踊躍生希有心即
各相詣共議此事時彼衆中有一大梵天王
名曰大悲為諸梵衆而說偈言
是事何因緣　而現如此相　我等諸宮殿　光明昔未有
為大德天生　為佛出世間　未曾見此相　當共一心求
過千万億土　尋光共推之　多是佛出世　度脫苦衆生
介時五百万億諸梵天王與宮殿俱各以衣
裓盛諸天華共詣西北方推尋是相見大通
智勝如來處于道場菩提樹下坐師子座諸
天龍王乾闥婆緊那羅摩睺羅伽人非人等恭
敬圍遶及見十六王子請佛轉法輪時諸梵
天王頭面礼佛遶百千匝即以天華而散佛上

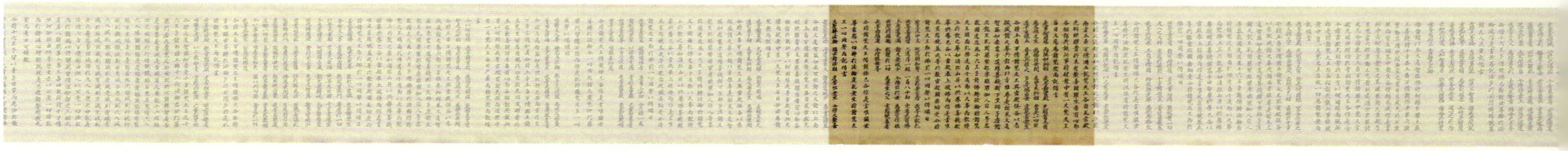

華供養已各以宮殿奉上彼佛而作是言唯
見哀愍饒益我等所獻宮殿願垂納受尒時
諸梵天王即於佛前一心同聲以偈頌曰
聖主天中王　迦陵頻伽聲　哀愍衆生者　我等今敬礼
世尊甚希有　久遠乃一現　一百八十劫　空過无有佛
三惡道充滿　諸天衆減少　今佛出於世　為衆生作眼
世間所歸趣　救護於一切　為衆生之父　哀愍饒益者
我等宿福慶　今得值世尊
尒時諸梵天王偈讚佛已各作是言唯願世
尊哀愍一切轉於法輪度脫衆生時諸梵天
王一心同聲而說偈言
大聖轉法輪　顯示諸法相　度苦惱衆生　今得大歡喜

大聖轉法輪　顯示諸法相　度苦惱衆生　令得大歡喜
衆生聞是法　得道若生天　諸惡道減少　忍善者增益
尒時大通智勝如來默然許之又諸比丘南
方五百万億國土諸大梵王各自見宮殿光
明照曜昔所未有歡喜踊躍生希有心即各
相詣共議此事以何因緣我等宮殿有此光
曜而彼衆中有一大梵天王名曰妙法爲諸
梵衆而說偈言
我等諸宮殿　光明甚威曜　此非无因緣　是相宜求之
過於百千劫　未曾見此相　爲大德天生　爲佛出世間
尒時五百万億諸梵天王與宮殿俱各以衣
裓盛諸天華共詣北方推尋是相見大通智
勝如來處于道場菩提樹下坐師子座諸天
龍王乾闥婆緊那羅摩睺羅伽人非人等恭

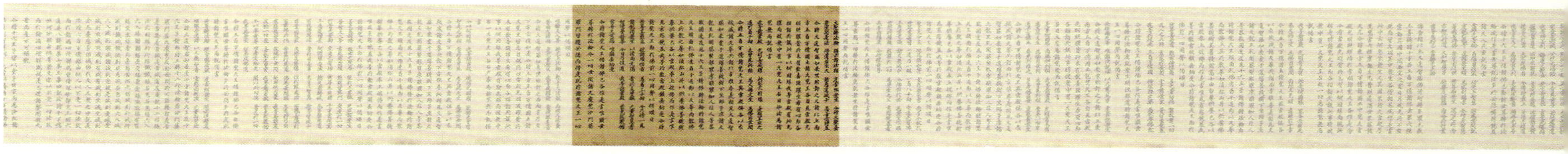

天王頭面礼佛遶百千匝即以天華而散佛
上所散之華如須弥山并以供養佛菩提樹
華供養已各以宮殿奉上彼佛而作是言唯
見哀愍饒益我等所獻宮殿願垂納受尒時
諸梵天王即於佛前一心同聲以偈頌曰
世尊甚難見　破諸煩惱者　過百三十劫　今乃得一見
諸飢渴衆生　以法雨充滿　昔所未曾覩　无量智慧者
如優曇鉢華　今日乃值遇　我等諸宮殿　蒙光故嚴飾
世尊大慈愍　唯願垂納受
尒時諸梵天王偈讚佛已各作是言唯願世
尊轉於法輪令一切世間諸天魔梵沙門婆
羅門皆獲安隱而得度脫時諸梵天王一心

羅門皆獲安隱而得度脫時諸梵天王一心
同聲以偈頌曰
唯願天人尊　轉无上法輪　擊于大法鼓　而吹大法蠡
普雨大法雨　度无量衆生　我等咸歸請　當演深遠音
尒時大通智勝如來嘿然許之西南方乃至
下方亦復如是尒時上方五百万億國土諸
大梵王皆悉自覩所止宮殿光明威曜昔所
未有歡喜踊躍生希有心即各相詣共議此
事以何因緣我等宮殿有斯光明而彼衆中
有一大梵天王名曰尸棄爲諸梵衆而說偈
言
今以何因緣　我等諸宮殿　威德光明曜　嚴飾未曾有
如是之妙相　昔所未曾見　爲大德天生　爲佛出世間

爾時五百萬億諸梵天王與宮殿俱各以衣
裓盛諸天華共詣下方推尋此相見大通智
勝如來處于道場菩提樹下坐師子座諸天
龍王乾闥婆緊那羅摩睺羅伽人非人等恭
敬圍遶及見十六王子請佛轉於法輪時諸
梵天王頭面礼佛遶百千匝即以天華而散
佛上所散之華如須弥山并以供養佛菩提
樹華供養已各以宮殿奉上彼佛而作是言
唯見哀愍饒益我等所獻宮殿願垂納受尒
時諸梵天王即於佛前一心同聲以偈頌曰
善哉見諸佛　救世之聖尊　能於三界獄　勉出諸衆生
普智天人尊　哀愍群萌類　能開甘露門　廣度於一切
於昔无量劫　空過无有佛　世尊未出時　十方常闇冥
三惡道增長　阿修羅亦盛　諸天衆轉減　死多墮惡道

於昔无量劫 空過无有佛 世尊未出時 十方常闇冥
三惡道增長 阿脩羅亦盛 諸天衆轉減 死多墮惡道
不從佛聞法 常行不善事 色力及智慧 斯等皆減少
罪業因緣故 失樂及樂想 住於邪見法 不識善儀則
不蒙佛所化 常墮於惡道 佛為世間眼 久遠時乃出
哀愍諸衆生 故現於世間 超出成正覺 我等甚欣慶
及餘一切衆 喜歎未曾有 我等諸宮殿 蒙光故嚴飾
今以奉世尊 唯垂哀納受 願以此功德 普及於一切
我等與衆生 皆共成佛道
尒時五百万億諸梵天王偈讚佛已各白佛
言唯願世尊轉於法輪多所安隱多所度脫
時諸梵天王而說偈言
世尊轉法輪 擊甘露法鼓 度苦惱衆生 開示涅槃道

[illegible]
尒時大通智勝如來受十方諸梵天王及十
六王子請即時三轉十二行法輪若沙門婆
羅門若天魔梵及餘世間所不能轉謂是苦
是苦集是苦滅是苦滅道及廣說十二因緣
法无明緣行行緣識識緣名色名色緣六入
六入緣觸觸緣受受緣愛愛緣取取緣有有
緣生生緣老死憂悲苦惱无明滅則行滅行
滅則識滅識滅則名色滅名色滅則六入滅
六入滅則觸滅觸滅則受滅受滅則愛滅愛
滅則取滅取滅則有滅有滅則生滅生滅則
老死憂悲苦惱滅佛於天人大衆之中說是
法時六百万億那由他人以不受一切法故
而於諸漏心得解脫皆得深妙禪定三明六

法時六百万億那由他人以不受一切法故
而於諸漏心得解脫皆得深妙禪定三明六
通具八解脫第二第三第四說法時千万億
恒河沙那由他等衆生亦以不受一切法故
而於諸漏心得解脫從是已後諸聲聞衆无
量无邊不可稱數
尒時十六王子皆以童子出家而爲沙弥諸
根通利智慧明了已曾供養百千万億諸佛
淨脩梵行求阿耨多羅三藐三菩提俱白佛
言世尊是諸无量千万億大德聲聞皆已成
就世尊亦當爲我等說阿耨多羅三藐三菩
提法我等聞已皆共脩學世尊我等志願如
來知見深心所念佛自證知尒時轉輪聖王

所將衆中八万億人見十六王子出家亦求
出家王即聽許尒時彼佛受沙弥請過二萬
劫已乃於四衆之中說是大乘經名妙法蓮
華教菩薩法佛所護念說是經已十六沙弥
為阿耨多羅三藐三菩提故皆共受持諷誦
通利說是經時十六菩薩沙弥皆悉信受聲
聞衆中亦有信解其餘衆生千万億種皆生
疑惑佛說是經於八千劫未曾休癈說此經
已即入靜室住於禪定八万四千劫是時十
六菩薩沙弥知佛入室寂然禪定各昇法座
亦於八万四千劫為四部衆廣說分別妙法
華經一一皆度六百万億那由他恒河沙等
衆生示教利喜令發阿耨多羅三藐三菩提
心

心
大通知勝佛過八万四千劫已從三昧起往
詣法座安詳而坐普告大衆是十六菩薩沙
彌甚為希有諸根通利智慧明了已曾供養
无量千万億數諸佛於諸佛所常脩梵行受
持佛智開示衆生令入其中汝等皆當數數
親近而供養之所以者何若聲聞辟支佛及
諸菩薩能信是十六菩薩所說經法受持不
毁者是人皆當得阿耨多羅三藐三菩提如
來之慧佛告諸比丘是十六菩薩常樂說是
妙法蓮華經一一菩薩所化六百万億那由
他恒河沙等衆生世世所生與菩薩俱從其
聞法悉皆信解以此因緣得值四万億諸佛

世尊于今不盡諸比丘我今語汝彼佛弟子
十六沙弥今皆得阿耨多羅三藐三菩提於
十方國土現在說法有无量百千万億菩薩
聲聞以為眷屬其二沙弥東方作佛一名阿
閦在歡喜國二名須弥頂東南方二佛一名
師子音二名師子相南方二佛一名虛空住
二名常滅西南方二佛一名帝相二名梵相
西方二佛一名阿弥陀二名度一切世間苦
惱西北方二佛一名多摩羅跋栴檀香神通
二名須弥相北方二佛一名雲自在二名雲
自在王東北方佛名壞一切世間怖畏第十
六我釋迦牟尼佛於娑婆國土成阿耨多羅
三藐三菩提

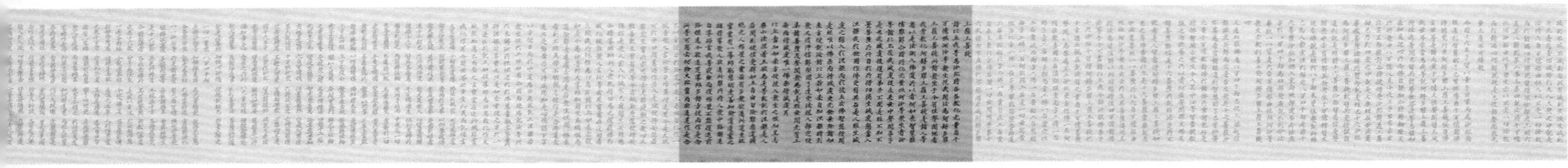

三藐三菩提
諸比丘我等為沙彌時各各教化无量百千
万億恒河沙等衆生從我聞法為阿耨多羅
三藐三菩提此諸衆生于今有住聲聞地者
我常教化阿耨多羅三藐三菩提是諸人等
應以是法漸入佛道所以者何如来智慧難
信難解尒時所化无量恒河沙等衆生者汝
等諸比丘及我滅度後未来世中聲聞弟子
是也我滅度後復有弟子不聞是經不知不
覺菩薩所行自於所得功德生滅度想當入
涅槃我於餘國作佛更有異名是人雖生滅
度之想入於涅槃而於彼土求佛智慧得聞

來方便說法諸比丘若如來自知涅槃時到
衆又清淨信解堅固了達空法深入禪定便
集諸菩薩及聲聞衆為說是經世間无有二
乘而得滅度唯一佛乘得滅度耳
比丘當知如來方便深入衆生之性知其志
樂小法深著五欲為是等故說於涅槃是人
若聞則便信受譬如五百由旬險難惡道曠
絶无人怖畏之處若有多衆欲過此道至珎
寶處有一導師聰慧明達善知險道通塞之
相將導衆人欲過此難所將人衆中路懈退
白導師言我等疲極而復怖畏不能復進前
路猶遠今欲退還導師多諸方便而作是念
此等可愍云何捨大珎寶而欲退還作是念

此等可愍云何捨大珎寶而欲退還作是念
已以方便力於險道中過三百由旬化作一
城告衆人言汝等勿怖莫得退還今是大城
可於中止隨意所作若入是城快得安隱若
能前至寶所亦可得去是時疲極之衆心大
歡喜歎未曾有我等今者免斯惡道快得安
隱於是衆人前入化城生已度想生安隱想
尒時導師知此人衆既得止息無復疲惓即
滅化城語衆人言汝等去來寶處在近向者
大城我所化作為止息耳諸比丘如來亦復
如是今為汝等作大導師知諸生死煩惱惡
道險難長遠應去應度若衆生但聞一佛乘
者則不欲見佛不欲親近便作是念佛道長遠

遠久受懃苦乃可得成佛知是心怯弱下劣
以方便力而於中道為止息故說二涅槃若
眾生住於二地如來尒時即便為說汝等所
作未辦汝所住地近於於佛慧當觀察籌量所
得涅槃非真實也但是如來方便之力於一
佛乘分別說三如彼導師為止息故化作大
城既知息已而告之言寶處在近此城非實
我化作耳尒時世尊欲重宣此義而說偈言
大通智勝佛　十劫坐道場　佛法不現前　不得成佛道
諸天神龍王　阿脩羅眾等　常雨於天華　以供養彼佛
諸天擊天鼓　并作眾伎樂　香風吹萎華　更雨新好者
過十小劫已　乃得成佛道　諸天及世人　心皆懷踊躍
彼佛十六子　皆與其眷屬　千万億圍遶　俱行至佛所

彼佛十六子　皆與其眷屬　千万億圍遶　俱行至佛所
頭面礼佛足　而請轉法輪　聖師子法雨　充我及一切
世尊甚難值　久遠時一現　為覺悟群生　震動於一切
東方諸世界　五百万億国　梵宮殿光曜　昔所未曾有
諸梵見此相　尋來至佛所　散華以供養　并奉上宮殿
請佛轉法輪　以偈而讃嘆　佛知時未至　受請嘿然坐
三方及四維　上下亦復尒　散華奉宮殿　請佛轉法輪
世尊甚難值　願以大慈悲　廣開甘露門　轉无上法輪
无量慧世尊　受彼衆人請　為宣種種法　四諦十二緣
无明至老死　皆從生緣有　如是衆過患　汝等應當知
宣暢是法時　六百万億姟　得盡諸苦際　皆成阿羅漢
第二說法時　千万恒沙衆　於諸法不受　亦得阿羅漢

是十六王子　出家作沙彌　皆共請彼佛　演說大乘法
我等及營從　皆當成佛道　願得如世尊　慧眼第一淨
佛知童子心　宿世之所行　以无量因緣　種種諸譬喻
說六波羅蜜　及諸神通事　分別真實法　菩薩所行道
說是法華經　如恒河沙偈　彼佛說經已　靜室入禪定
一心一處坐　八万四千劫
是諸沙彌等　知佛禪未出　為无量億衆　說佛无上慧
各各坐法坐　說是大乘經　於佛宴寂後　宣揚助法化
一一沙彌等　所度諸衆生　有六百万億　恒河沙等衆
彼佛滅度後　是諸聞法者　在在諸佛土　常與師俱生
是十六沙彌　具足行佛道　今現在十方　各得成正覺
尒時聞法者　各在諸佛所　其有住聲聞　漸教以佛道
我在十六數　曾亦為汝說　是故以方便　引汝趣佛慧

爾時聞法者　各在諸佛所　其有住聲聞　漸教以佛道
我在十六數　曾亦爲汝說　是故以方便　引汝趣佛慧
以是本因緣　今說法華經　令汝入佛道　慎勿懷驚懼
譬如險惡道　迥絕多毒獸　又復无水草　人所怖畏處
无數千万衆　欲過此險道　其路甚曠遠　逕五百由旬
時有一導師　強識有智慧　明了心決定　在險濟衆難
衆人皆疲惓　而白導師言　我等今頓乏　於此欲退還
導師作是念　此輩甚可愍　如何欲退還　而失大珍寶
尋時思方便　當設神通力　化作大城郭　莊嚴諸舍宅
周匝有園林　渠流及浴池　重門高樓閣　男女皆充滿
即作是化已　慰衆言勿懼　汝等入此城　各可隨所樂
諸人既入城　心皆大歡喜　皆生安隱想　自謂已得度
導師知息已　集衆而告言　汝等當前進　此是化城耳
我見汝疲極　中路欲退還　故以方便力　權化作此城

汝今勤精進　當共至寶所
我亦復如是　爲一切導師　見諸求道者　中路而懈廢
不能度生死　煩惱險惡道　故以方便力　爲息說涅槃
言汝等苦滅　所作皆已辦　既知到涅槃　皆得阿羅漢
尒乃集大衆　爲說真實法　諸佛方便力　分別說三乘
唯有一佛乘　息處故說二　今爲汝說實　汝所得非滅
爲佛一切智　當發大精進　汝證一切智　十力等佛法
具三十二相　乃是真實滅　諸佛之導師　爲息說涅槃
既知是息已　引入於佛慧

妙法蓮華經卷第三

妙法蓮華經卷第三

BD00087 大般若波羅蜜多經卷二三四

（唐）玄奘 譯

420.8cm × 27.3cm

淨一切智
淨何以故
薩行清淨
別无斷故善現
等菩提清淨諸佛无
切智智清淨何以故若六神通
无上正等菩提清淨若一切智
无二无二分无別无斷故
復次善現佛十力清淨故色清淨色清淨故
一切智智清淨何以故若佛十力清淨若色
清淨若一切智智清淨无二无二分无別无
斷故佛十力清淨故受相行識清淨受相行
識清淨故一切智智清淨何以故若佛十力

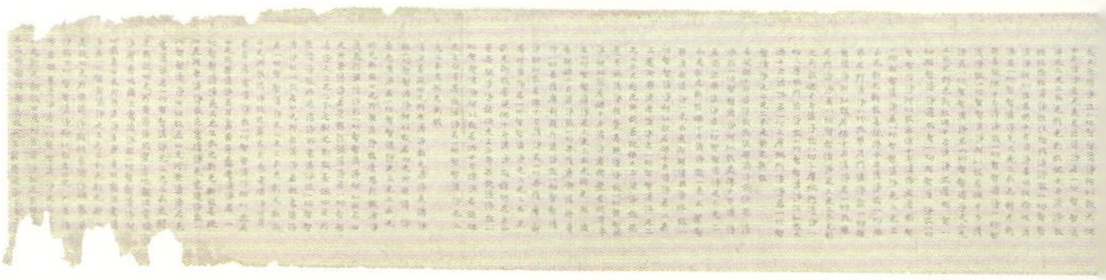

二无二分无別无斷故善現佛十力清淨故眼
處清淨眼處清淨故一切智智清淨何以
故若佛十力清淨若眼處清淨若一切智智
清淨无二无二分无別无斷故佛十力清淨
故耳鼻舌身意處清淨耳鼻舌身意處清
淨故一切智智清淨何以故若佛十力清淨若
耳鼻舌身意處清淨若一切智智清淨无二
无二分无別无斷故善現佛十力清淨故色
處清淨色處清淨故一切智智清淨何以故
若佛十力清淨若色處清淨若一切智智清
淨无二无二分无別无斷故佛十力清淨故
聲香味觸法處清淨聲香味觸法處清淨
故一切智智清淨何以故若佛十力清淨若聲
香味觸法處清淨若一切智智清淨无二无

BD00087　大般若波羅蜜多經卷二三四

故一切智智清淨何以故若佛十力清淨若聲
香味觸法處清淨若一切智智清淨无二无
二分无別无斷故善現佛十力清淨故眼界
清淨眼界清淨故一切智智清淨何以故若
佛十力清淨若眼界清淨若一切智智清淨
无二无二分无別无斷故佛十力清淨故色
界眼識界及眼觸眼觸為緣所生諸受清淨
色界乃至眼觸為緣所生諸受清淨故一切
智智清淨何以故若佛十力清淨若色界
乃至眼觸為緣所生諸受清淨若一切智智
清淨无二无二分无別无斷故善現佛十力
清淨故耳界清淨耳界清淨故一切智智清
淨何以故若佛十力清淨若耳界清淨若一
切智智清淨无二无二分无別无斷故

諸受清淨故一切智智清淨何以故若佛十
力清淨若聲界乃至耳觸為緣所生諸受清
淨若一切智智清淨无二无二分无別无斷
故善現佛十力清淨故鼻界清淨鼻界清淨
故一切智智清淨何以故若佛十力清淨若
鼻界清淨若一切智智清淨无二无二分无
別无斷故佛十力清淨故香界鼻識界及鼻
觸鼻觸為緣所生諸受清淨香界乃至鼻觸
為緣所生諸受清淨故一切智智清淨何以
故若佛十力清淨若香界乃至鼻觸為緣所
生諸受清淨若一切智智清淨无二无二分
无別无斷故善現佛十力清淨故香界清淨
香界清淨故一切智智清淨何以故若佛十

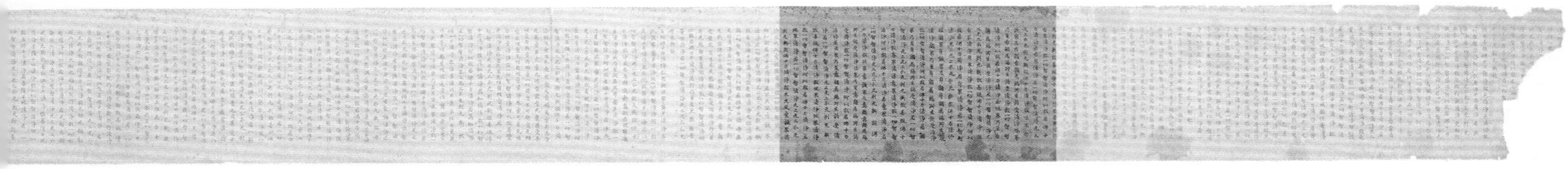

无别无斷故善現佛十力清淨故舌界清淨
舌界清淨故一切智智清淨何以故若佛十
力清淨若舌界清淨若一切智智清淨无二
无二分无别无斷故佛十力清淨故味界舌
識界及舌觸舌觸為緣所生諸受清淨味界
乃至舌觸為緣所生諸受清淨故一切智智
清淨何以故若佛十力清淨若味界乃至舌
觸為緣所生諸受清淨若一切智智清淨无
二无二分无别无斷故善現佛十力清淨故
身界清淨身界清淨故一切智智清淨何以
故若佛十力清淨若身界清淨若一切智智
清淨无二无二分无别无斷故佛十力清淨
故觸界身識界及身觸身觸為緣所生諸受
清淨觸界乃至身觸為緣所生諸受清淨
故一切智智清淨何以故若佛十力清淨若

界乃至意觸為緣所生諸受清淨若一切智
智清淨无二无二分无別无斷故善現佛十
力清淨故意界清淨意界清淨故一切智智
清淨何以故若佛十力清淨若意界清淨若
一切智智清淨无二无二分无別无斷故佛
十力清淨故法界意識界及意觸意觸為緣
所生諸受清淨法界乃至意觸為緣所生諸
受清淨故一切智智清淨何以故若佛十力
清淨若法界乃至意觸為緣所生諸受清
淨若一切智智清淨无二无二分无別无斷
故善現佛十力清淨故地界清淨地界清淨
故一切智智清淨何以故若佛十力清淨若
地界清淨若一切智智清淨无二无二分无
別无斷故佛十力清淨故水火風空識界清

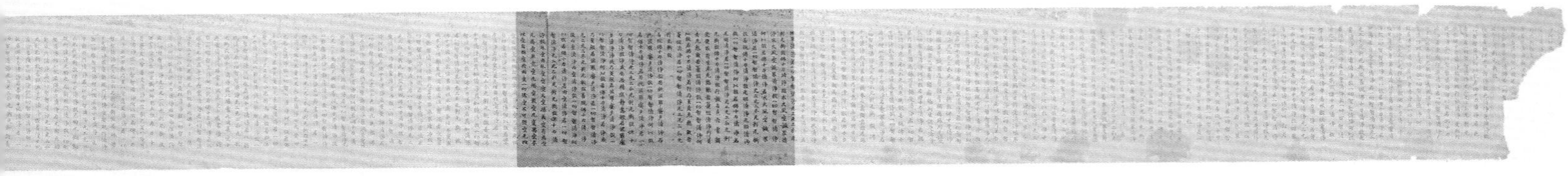

地界清淨若一切智智清淨无二无二分无
別无斷故佛十力清淨故水火風空識界清
淨水火風空識界清淨故一切智智清淨
何以故若佛十力清淨若水火風空識界
清淨若一切智智清淨无二无二分无別无斷
故善現佛十力清淨故无明清淨无明清淨
故一切智智清淨何以故若佛十力清淨若
无明清淨若一切智智清淨无二无二分无別
无斷故佛十力清淨故行識名色六處觸
受愛取有生老死愁歎苦憂惱清淨行乃至
老死愁歎苦憂惱清淨故一切智智清淨何
以故若佛十力清淨若行乃至老死愁歎苦
憂惱清淨若一切智智清淨无二无二分无
別无斷故

施波羅蜜多清淨故一切智智清淨何以故
若佛十力清淨若布施波羅蜜多清淨若一
切智智清淨无二无二分无別无斷故佛十
力清淨故淨戒安忍精進靜慮般若波羅蜜
多清淨淨戒乃至般若波羅蜜多清淨故一
切智智清淨何以故若佛十力清淨若淨戒
乃至般若波羅蜜多清淨若一切智智清淨
无二无二分无別无斷故善現佛十力清淨
故內空清淨內空清淨故一切智智清淨何
以故若佛十力清淨若內空清淨若一切智
智清淨无二无二分无別无斷故佛十力清
淨故外空內外空空空大空勝義空有為空
无為空畢竟空无際空散空无變異空本
性空自相空共相空一切法空不可得空无性

BD00087　大般若波羅蜜多經卷二三四

无為空畢竟空无際空散空无變異空本
性空自相空共相空一切法空不可得空无性
空自性空无性自性空清淨外空乃至无性
自性空清淨故一切智智清淨何以故若佛十
力清淨若外空乃至无性自性空清淨若一切
智智清淨无二无二分无別无斷故善現佛
十力清淨故真如清淨真如清淨故一切智
智清淨何以故若佛十力清淨若真如清淨
若一切智智清淨无二无二分无別无斷故
佛十力清淨故法界法性不虛妄性不變異
性平等性離生性法定法住實際虛空界不
思議界清淨法界乃至不思議界清淨故一
切智智清淨何以故若佛十力清淨若法界
乃至不思議界清淨若一切智智清淨无二
无二分无別无斷故善現佛十力清淨故苦

淨何以故若佛十力清淨若苦聖諦清淨若
一切智智清淨无二无二分无別无斷故佛
十力清淨故集滅道聖諦清淨集滅道聖諦
清淨故一切智智清淨何以故若佛十力清
淨若集滅道聖諦清淨若一切智智清淨无
二无二分无別无斷故善現佛十力清淨故
四靜慮清淨四靜慮清淨故一切智智清淨
何以故若佛十力清淨若四靜慮清淨若一
切智　清淨清淨无二无二分无別无斷故佛十
力清淨故四无量四无色定清淨四无量四
无色定清淨故一切智智清淨何以故若佛
十力清淨若四无量四无色定清淨若一切
智智清淨无二无二分无別无斷故善現佛

十力清淨若四无量四无色定清淨若一切
智智清淨无二无二分无別无斷故善現佛
十力清淨故八解脱清淨八解脱清淨故一
切智智清淨何以故若佛十力清淨若八解
脱清淨若一切智智清淨无二无二分无別
无斷故佛十力清淨故八勝處九次第定十
遍處清淨八勝處九次第定十遍處清淨
故一切智智清淨何以故若佛十力清淨若八
勝處九次第定十遍處清淨若一切智智清
淨无二无二分无別无斷故善現佛十力清
淨故四念住清淨四念住清淨故一切智智
清淨何以故若佛十力清淨若四念住清淨
若一切智智清淨无二无二分无別无斷故
佛十力清淨故四正斷四神足五根五力七

清淨若四正斷乃至八聖道支清淨若一切
智智清淨无二无二分无別无斷故善現佛
十力清淨故空解脫門清淨空解脫門清淨
故一切智智清淨何以故若佛十力清淨若
空解脫門清淨若一切智智清淨无二无二
分无別无斷故佛十力清淨故无相无願解
脫門清淨无相无願解脫門清淨故一切智
智清淨何以故若佛十力清淨若无相无願
解脫門清淨若一切智智清淨无二无二分
无別无斷故善現佛十力清淨故菩薩十地
清淨菩薩十地清淨故一切智智清淨何以
故若佛十力清淨若菩薩十地清淨若一
切智智清淨无二无二分无別无斷故善

BD00087　大般若波羅蜜多經卷二三四

故若佛十力清淨若菩薩十地清淨若一
切智智清淨无二无二分无別无斷故善
現佛十力清淨故五眼清淨五眼清淨故一
切智智清淨何以故若佛十力清淨若五眼
清淨若一切智智清淨无二无二分无別无
斷故佛十力清淨故六神通清淨六神通清
淨故一切智智清淨何以故若佛十力清淨
若六神通清淨若一切智智清淨无二无二
分无別无斷故善現佛十力清淨故四无所
畏清淨四无所畏清淨故一切智智清淨何
以故若佛十力清淨若四无所畏清淨若
一切智智清淨无二无二分无別无斷故佛
十力清淨故四无礙解大慈大悲大喜大捨
十八佛不共法清淨四无礙解乃至十八佛

清淨若一切智智清淨无二无二分无別无
斷故善現佛十力清淨故无忘失法清淨无
忘失法清淨故一切智智清淨何以故若佛
十力清淨若无忘失法清淨若一切智智清
淨无二无二分无別无斷故佛十力清淨故
恒住捨性清淨恒住捨性清淨故一切智智
清淨何以故若佛十力清淨若恒住捨性清
淨若一切智智清淨无二无二分无別无斷
故善現佛十力清淨故一切智智清淨一切智
清淨故一切智智清淨何以故若佛十力清
淨若一切智智清淨若一切智智清淨无二无
二分无別无斷故佛十力清淨故道相智一
切相智清淨道相智一切相智清淨故一切

切相智清淨道相智一切相智清 淨故一切
智智清淨何以故若佛十力清淨若道相智
一切相智清淨若一切智智清淨无二无二
分无別无斷故善現佛十力清淨故一切陁
羅尼門清淨一切陁羅尼門清淨故一切智
智清淨何以故若佛十力清淨若一切陁羅
尼門清淨若一切智智清淨无二无二分无別
无斷故佛十力清淨故一切三摩地門清淨一
切三摩地門清淨故一切智智清淨何以故若
佛十力清淨若一切三摩地門清淨若一切智
智清淨无二无二分无別无斷故
善現佛十力清淨故預流果清淨預流果 清
淨故一切智智清淨何以故若佛十力清 淨

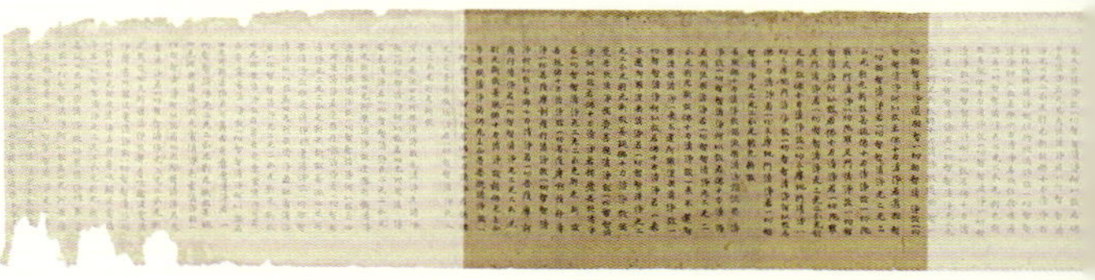

羅漢果清淨一來不還阿羅漢果清淨故一
切智智清淨何以故若佛十力清淨若一來
不還阿羅漢果清淨若一切智智清淨无二
无二分无別无斷故善現佛十力清淨故獨
覺菩提清淨獨覺菩提清淨故一切智智清
淨何以故若佛十力清淨若獨覺菩提清淨
若一切智智清淨无二无二分无別无斷故
善現佛十力清淨故一切菩薩摩訶薩行清
淨一切菩薩摩訶薩行清淨故一切智智清
淨何以故若佛十力清淨若一切菩薩摩訶
薩行清淨若一切智智清淨无二无二分无
別无斷故善現佛十力清淨故諸佛无上正
等菩提清淨諸佛无上正等菩提清淨故一
切智智清淨何以故若佛十力清淨若諸佛

别无断故善現佛十力清淨故諸佛无上正
等菩提清淨諸佛无上正等菩提清淨故一
切智智清淨何以故若佛十力清淨若諸佛
无上正等菩提清淨若一切智智清淨无二
无二分无别无断故
復次善現四无所畏清淨故色清淨色清淨
故一切智智清淨何以故若四无所畏清淨
若色清淨若一切智智清淨无二无二分无
别无断故四无所畏清淨故受想行識清淨
受想行識清淨故一切智智清淨何以故若四
无所畏清淨若受想行識清淨若一切智智
清淨无二无二分无别无断故善現四无所
畏清淨故眼處清淨眼處清淨故一切智智
清淨何以故若四无所畏清淨若眼處清淨

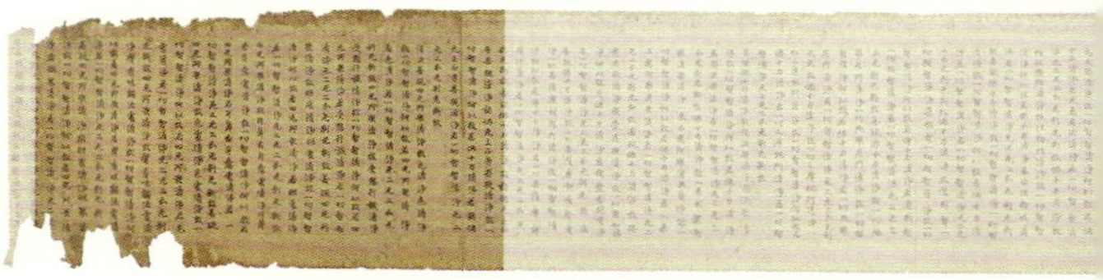

四无所畏清淨故耳鼻舌身意處清淨耳鼻
舌身意處清淨故一切智智清淨何以故若
四无所畏清淨若耳鼻舌身意處清淨若一
切智智清淨无二无二分无別无斷故善現
四无所畏清淨故色處清淨色處清淨故一
切智智清淨何以故若四无所畏清淨若色
處清淨若一切智智清淨无二无二分无別
无斷故四无所畏清淨故聲香味觸法處清
淨聲香味觸法處清淨故一切智智清淨何
以故若四无所畏清淨若聲香味觸法處清
淨若一切智智清淨无二无二分无別无斷故
善現四无所畏清淨故眼界清淨眼界清
淨故一切智智清淨何以故若四无所畏清
淨若眼界清淨若一切智智清淨无二
分无別无斷故四无所畏清淨故色界眼識

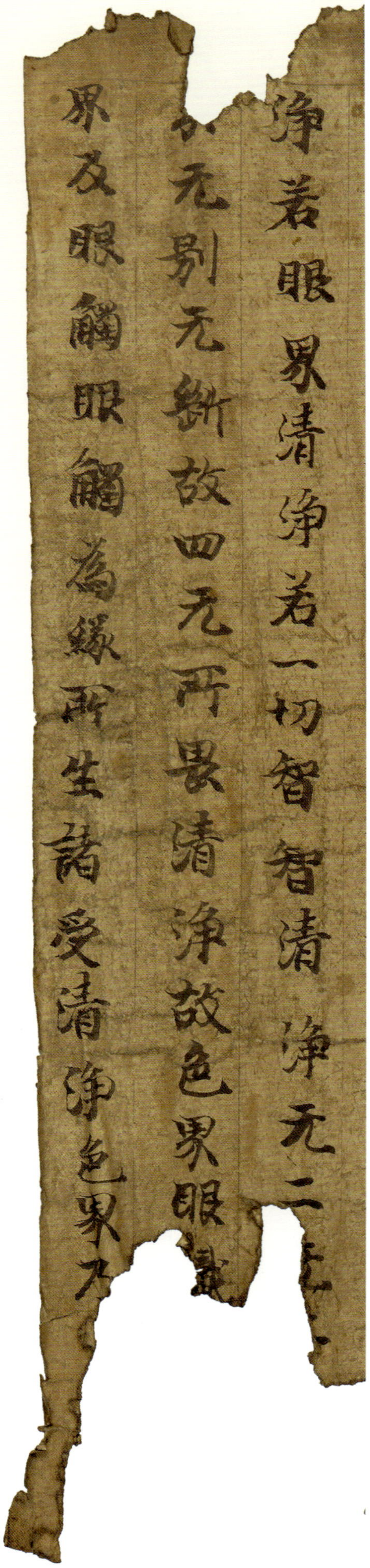

淨若眼界清淨若一切智智清淨无二无
分无別无斷故四无所畏清淨故色界眼識
界及眼觸眼觸爲緣所生諸受清淨色界乃

BD00088 妙法蓮華經卷六

（後秦）鳩摩羅什 譯

500.5cm × 25.5cm

摩
若讀若誦若解說
功德千二百耳功德八
千二百舌功德八百身功德千二
以是功德莊嚴六根皆令清淨是
善女人父母所生清淨肉眼見於三
千世界內外所有山林河海下至阿鼻
上至有頂亦見其中一切衆生及業因
緣果報生處悉見悉知尒時世尊欲重宣此
義而說偈言
若於大衆中 以无所畏心 說是法華經 汝聽其功德
是人得八百 功德殊勝眼 以是莊嚴故 其目甚清淨
父母所生眼 悉見三千界 內外彌樓山 須弥及鐵圍
并諸餘山林 大海江河水 下至阿鼻獄 上至有頂處
其中諸衆生 一切皆悉見 雖未得天眼 肉眼力如是
復次常精

是清淨耳聞三千大千世界下至阿鼻地獄
上至有頂其中內外種種語言音聲象聲馬
聲牛聲車聲啼哭聲愁歎聲螺聲鼓聲鍾聲
鈴聲咲聲語聲男聲女聲童子聲童女聲法
聲非法聲苦聲樂聲凡夫聲聖人聲喜聲不
喜聲天聲龍聲夜叉聲乾闥婆聲阿脩羅聲
迦樓羅聲緊那羅聲摩睺羅伽聲火聲水聲
風聲地獄聲畜生聲餓鬼聲比丘聲比丘尼
聲聲聞聲辟支佛聲菩薩聲佛聲以要言之
三千大千世界中一切內外所有諸聲雖未
得天耳以父母所生清淨常耳皆悉聞知如
是分別種種音聲而不壞耳根尒時世尊欲
重宣此義而說偈言
父母所生耳　清淨无濁穢　以此常耳聞　三千世界聲
象馬車牛聲　鍾鈴螺鼓聲　琴瑟箜篌聲　簫笛之音聲
清淨好歌聲　聽之而不著　无數種人聲　聞悉能解了

清淨好歌聲　聽之而不著　无數種人聲　聞悉能解了
又聞諸天聲　微妙之歌音　及聞男女聲　童男童女聲
山川險谷中　迦陵頻伽聲　命命等諸鳥　悉聞其音聲
地獄衆苦痛　種種楚毒聲　餓鬼飢渴逼　求索飲食聲
諸阿脩羅等　居在大海邊　自共語言時　出于大音聲
如是說法者　安住於此間　遥聞是衆聲　而不壞耳根
十方世界中　禽獸鳴相呼　其說法之人　於此悉聞之
其諸梵天上　光音及遍淨　乃至有頂天　言語之音聲
法師住於此　悉皆得聞之　一切比丘衆　及諸比丘尼
若讀誦經典　若為他人說　法師住於此　悉皆得聞之
復有諸菩薩　讀誦於經法　若為他人說　撰集解其義
如是諸音聲　悉皆得聞之　諸佛大聖尊　教化衆生者
於諸大衆中　演說微妙法　持此法華者　悉皆得聞之
三千大千界　内外諸音聲　下至阿鼻獄　上至有頂天
皆聞其音聲　而不壞耳根　其耳聰利故　悉能分別知

讀若誦若解說若書寫成就八百鼻功德以
是清淨鼻根聞於三千大千世界上下內外
種種諸香須曼那華香闍提華香末利華香
瞻蔔華香波羅羅華香赤蓮華香青蓮華香
白蓮華香華樹香果樹香栴檀香沈水香多
摩羅跋香多伽羅香及千万種和香若末若
丸若塗香持是經者於此間住悉能分別又
復別知衆生之香象香馬香牛羊等香男香
女香童子香童女香及草木叢林香若近若
遠所有諸香悉皆得聞分別不錯持是經者
雖住於此亦聞天上諸天之香波利質多羅
拘鞞陁羅樹香及曼陁羅華香摩訶曼陁羅
華香曼殊沙華香摩訶曼殊沙華香栴檀沈
水種種末香諸雜華香如是等天香和合所
出之香无不聞知又聞諸天身香釋提桓因
在勝殿上五欲娛樂嬉戲時香若在妙法堂

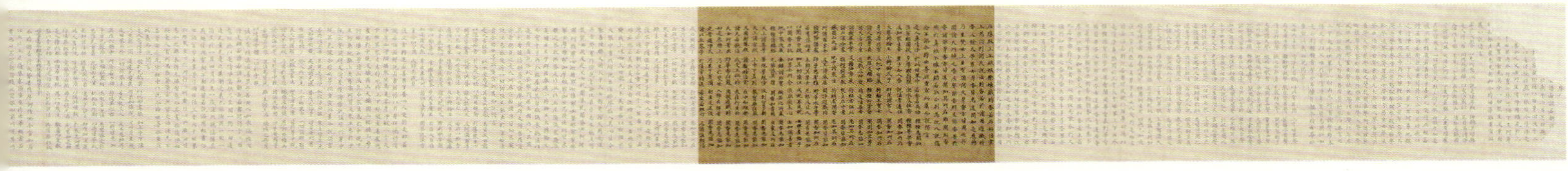

在勝殿上五欲娛樂嬉戲時香若在妙法堂上爲忉利諸天說法時香若於諸園遊戲時香及餘天等男女身香皆悉遙聞知是展轉乃至梵世上至有頂諸天身香亦皆聞之并聞諸天所燒之香及聲聞香辟支佛香菩薩香諸佛身香亦皆遙聞知其所在雖聞此香然於鼻根不壞不錯若欲分別爲他人說憶念不謬尒時世尊欲重宣此義而說偈言

是人鼻清淨 於此世界中 若香若臭物 種種悉聞知
須曼那闍提 多摩羅栴檀 沈水及桂香 種種華果香
及知衆生香 男子女人香 說法者遠住 聞香知所在
大勢轉輪王 小轉輪及子 群臣諸宮人 聞香知所在
身所著珎寶 及地中寶藏 轉輪王寶女 聞香知所在
諸人嚴身具 衣服及瓔珞 種種所塗香 聞則知其身
諸天若行坐 遊戲及神變 持是法華者 聞香悉能知
諸樹華果實 及蘇油香氣 持經者住此 悉知其所在

鐵圍山大海　地中諸衆生　持經者聞香　悉知其所在
阿脩羅男女　及其諸眷屬　鬪諍遊戲時　聞香皆能知
曠野險隘處　師子象虎狼　野牛水牛等　聞香知所在
若有懷妊者　未辯其男女　无根及非人　聞香悉能知
以聞香力故　知其初懷妊　成就不成就　安樂產福子
以聞香力故　知男女所念　染欲癡恚心　亦知脩善者
地中衆伏藏　金銀諸珎寶　銅器之所盛　聞香悉能知
種種諸瓔珞　无能識其價　聞香知貴賤　出處及所在
天上諸華等　曼陁曼殊沙　波利質多樹　聞香悉能知
天上諸宮殿　上中下差別　衆寶華莊嚴　聞香悉能知
天園樹勝殿　諸觀妙法堂　在中而娛樂　聞香悉能知
諸天若聽法　或受五欲時　來往行坐卧　聞香悉能知
天女所著衣　好華香莊嚴　周旋遊戲時　聞香悉能知
如是展轉上　乃至於梵世　入禪出禪者　聞香悉能知
光音遍淨天　乃至于有頂　初生及退沒　聞香悉能知
諸比丘衆等　於法常精進　若坐若經行　及讀誦經法

諸比丘衆等　於法常精進　若坐若經行　及讀誦經法
或在樹樹下　專精而坐禪　持經者聞香　悉知其所在
菩薩志堅固　坐禪若讀誦　或爲人說法　聞香悉能知
在在方世尊　一切所恭敬　愍衆而說法　聞香悉能知
衆生在佛前　聞經皆歡喜　如法而脩行　聞香悉能知
雖未得菩薩　无漏法生鼻　而是持經者　先得此鼻相
復次常精進若善男子善女人受持是經若
讀若誦若解說若書寫得千二百舌功德若
好若醜若美不美及諸苦澁物在其舌根皆
變成上味如天甘露无不美者若以舌根於
大衆中有所演說出深妙聲能入其心皆令
歡喜快樂又諸天子天女釋梵諸天聞是深
妙音聲有所演說言論次第皆悉來聽及諸
龍龍女夜叉夜叉女乾闥婆乾闥婆女阿脩
羅阿脩羅女迦樓羅迦樓羅女緊那羅緊那

夷國王王子群臣眷屬小轉輪王大轉輪王
七寶千子内外眷屬乘其宮殿俱来聽法以
是菩薩善說法故婆羅門居士國内人民盡
其形壽隨侍供養又諸聲聞辟支佛菩薩諸
佛常樂見之是人所在方面諸佛皆向其處
說法悉能受持一切佛法又能出於深妙法
音尒時世尊欲重宣此義而說偈言
是人舌根淨　終不受惡味　其有所食噉　悉皆成甘露
以深淨妙音　於大衆說法　以諸因緣喻　引導衆生心
聞者皆歡喜　設諸上供養　諸天龍夜叉　及阿脩羅等
皆以恭敬心　而共来聽法　是說法之人　若欲以妙音
遍滿三千界　随意即能至　大小轉輪王　及千子眷屬
合掌恭敬心　常来聽受法　諸天龍夜叉　羅刹毗舍闍
亦以歡喜心　常樂来供養　梵天王魔王　自在大自在
如是諸天衆　常来至其所　諸佛及弟子　聞其說法音
常念而守護　或時為現身

常念而守護　或時為現身
復次常精進　若善男子善女人受持是經若
讀若誦若解說若書寫得八百身功德得清
淨身如淨瑠璃衆生憙見其身淨故三千大
千世界衆生生時死時上下好醜生善處惡
處悉於中現及鐵圍山大鐵圍山弥樓山摩
訶弥樓山等諸山及其中衆生悉於中現下
至阿鼻地獄上至有頂所有及衆生悉於中
現若聲聞辟支佛菩薩諸佛說法皆於身中
現其色像尒時世尊欲重宣此義而說偈言
若持法華者　其身甚清淨　如彼淨瑠璃　衆生皆憙見
又如淨明鏡　悉見諸色像　菩薩於淨身　皆見世所有
唯獨自明了　餘人所不見　三千世界中　一切諸群萌
天人阿脩羅　地獄鬼畜生　如是諸色像　皆於身中現
諸天等宮殿　乃至於有頂　鐵圍及弥樓　摩訶弥樓山

以清淨常體　一切於中現

復次常精進若善男子善女人如來滅後受持是經若讀若誦若解說若書寫得千二百意功德以是清淨意根乃至聞一偈一句通達无量无邊之義解是義已能演說一句一偈至於一月四月乃至一歲諸所說法隨其義趣皆與實相不相違背若說俗閒經書治世語言資生業等皆順正法三千大千世界六趣衆生心之所行心所動作心所戲論皆悉知之雖未得无漏智慧而其意根清淨如此是人有所思惟籌量言說皆是佛法无不真實亦是先佛經中所說尒時世尊欲重宣此義而說偈言

是人意清淨　明利无穢濁　以此妙意根　知上中下法

乃至聞一偈　通達无量義　次第如法說　月四月至歲

BD00088　妙法蓮華經卷六

乃至聞一偈　通達无量義　次第如法說　月四月至歲
是世界内外　一切諸衆生　若天龍及人　夜叉鬼神等
其在六趣中　所念若干種　持法華之報　一時皆悉知
十方无數佛　百福莊嚴相　為衆生說法　悉聞能受持
思惟无量義　說法亦无量　終始不忘錯　以持法華故
悉知諸法相　隨義識次第　達名字語言　如所知演說
此人有所說　皆是先佛法　以演此法故　於衆无所畏
持法華經者　意根淨若斯　雖未得无漏　先有如是相
是人持此經　安住希有地　為一切衆生　歡喜而愛敬
能以千万種　善巧之語言　分別而說法　持法華經故

妙法蓮華經常不輕菩薩品第二十

尒時佛告得大勢菩薩摩訶薩汝今當知若
比丘比丘尼優婆塞優婆夷持法華經者若
有惡口罵詈誹謗獲大罪報如前所說其所
得功德如向所說眼耳鼻舌身意清淨得大
[illegible]思議阿僧祇

善逝世間解无上士調御丈夫天人師佛世
尊劫名離衰國名大成其威音王佛於彼世
中為天人阿脩羅說法為求聲聞者說應四
諦法度生老病死究竟涅槃為求辟支佛者
說應十二因緣法為諸菩薩因阿耨多羅三
藐三菩提說應六波羅蜜法究竟佛慧得大
勢是威音王佛壽四十万億那由他恒河沙
劫正法住世劫數如一閻浮提微塵像法住
世劫數如四天下微塵其佛饒益衆生已然
後滅度正法像法滅盡之後於此國土復有
佛出亦号威音王如来應供正遍知明行足
善逝世間解无上士調御丈夫天人師佛世
尊如是次第有二万億佛皆同一号㝡初威
音王如来既已滅度正法滅後於像法中增
上慢比丘有大勢力尒時有一菩薩比丘名
常不輕得大勢以何因緣名常不輕是比丘

常不輕得大勢以何因緣名常不輕是比丘
凡有所見若比丘比丘尼優婆塞優婆夷皆
悉礼拜讚歎而作是言我深敬汝等不敢輕
慢所以者何汝等皆行菩薩道當得作佛而
是比丘不專讀誦經典但行礼拜乃至遠見
四衆亦復故往礼拜讚歎而作是言我不敢
輕於汝等汝等皆當作佛故四衆之中有生
瞋恚心不淨者惡口罵詈言是无智比丘從
何所来自言我不輕汝而與我等受記當得
作佛我等不用如是虚妄受記如此經歷多
年常被罵詈不生瞋恚常作是言汝當作佛
說是語時衆人或以杖木瓦石而打擲之避
走遠住猶高聲唱言我不敢輕於汝等汝等
皆當作佛以其常作是語故增上慢比丘比
丘尼優婆塞優婆夷号之為常不輕是比丘

眼根清淨耳鼻舌身意根清淨得是六根清
淨已更增壽命二百万億那由他歲廣為人
說是法華經於時增上慢四衆比丘比丘尼
優婆塞優婆夷輕賤是人為作不輕名者見
其得大神通力樂說辯力大善寂力聞其所
說皆信伏隨從是菩薩復化千万億衆令住
阿耨多羅三藐三菩提命終之後得值二千
億佛皆号日月燈明於其法中說是法華經
以是因緣復值二千億佛同号雲自在燈王
於此諸佛法中受持讀誦為諸四衆說此經
典故得是常眼清淨耳鼻舌身意諸根清淨
於四衆中說法心无所畏得大勢是常不輕
菩薩摩訶薩供養如是若干諸佛恭敬尊重
讚歎種諸善根於後復值千万億佛亦於諸
佛法中說是經典功德成就當得作佛得大
勢於意云何尒時常不輕菩薩豈異人乎則

勢於意云何尒時常不輕菩薩豈異人乎則
我身是若我於宿世不受持讀誦此經為他
人說者不能疾得阿耨多羅三藐三菩提我
於先佛所受持讀誦此經為人說故疾得阿
耨多羅三藐三菩提得大勢彼時四衆比丘
比丘尼優婆塞優婆夷以瞋恚意輕賤我故
二百億劫常不值佛不聞法不見僧千劫於
阿鼻地獄受大苦惱畢是罪已復遇常不輕
菩薩教化阿耨多羅三藐三菩提得大勢於
汝意云何尒時四衆常輕是菩薩者豈異人
乎今此會中跋陀婆羅等五百菩薩師子月
等五百比丘尼思佛等五百優婆塞皆於阿
耨多羅三藐三菩提不退轉者是得大勢當
知是法華經大饒益諸菩薩摩訶薩能令至
於阿耨多羅三藐三菩提是故諸菩薩摩訶

過去有佛 号威音王 神智无量 將導一切
天人龍神 所共供養 是佛滅後 法欲盡時
有一菩薩 名常不輕 時諸四衆 計著於法
不輕菩薩 往到其所 而語之言 我不輕汝
汝等行道 皆當作佛 諸人聞已 輕毀罵詈
不輕菩薩 能忍受之 其罪畢已 臨命終時
得聞此經 六根清淨 神通力故 增益壽命
復為諸人 廣說是經 諸著法衆 皆蒙菩薩
教化成就 令住佛道 不輕命終 值无數佛
說是經故 得无量福 漸具功德 疾成佛道
彼時不輕 則我身是 時四部衆 著法之者
聞不輕言 汝當作佛 以是因緣 值无數佛
此會菩薩 五百之衆 并及四部 清信士女
今於我前 聽法者是 我於前世 勸是諸人
聽受斯經 第一之法 開示教人 令住涅槃
世世受持 如是經典 億億万劫 至不可議

聽受斯經 第一之法 開示教人 令住涅槃
世世受持如是經典 億億万劫 至不可議
時乃得聞 是法華經 億億万劫 至不可議
諸佛世尊 時說是經 是故行者 於佛滅後
聞如是經 勿生疑惑 應當一心 廣說此經
世世值佛 疾成佛道

妙法蓮華經如來神力品第二十一

尒時千世界微塵等菩薩摩訶薩從地踊出
者皆於佛前一心合掌瞻仰尊顏而白佛言
世尊我等於佛滅後世尊分身所在國土滅
度之處當廣說此經所以者何我等亦自欲
得是真淨大法受持讀誦解說書寫而供養
之尒時世尊於文殊師利等无量百千万億
舊住娑婆世界菩薩摩訶薩及諸比丘比丘
尼優婆塞優婆夷天龍夜叉乾闥婆阿脩羅

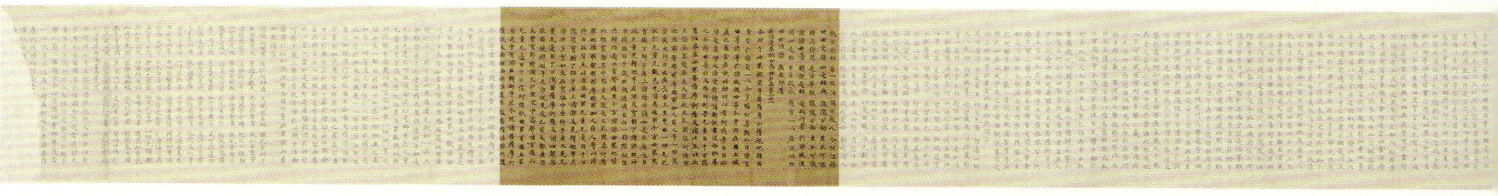

放於无量无數色光皆悉遍照十方世界衆
寶樹下師子座上諸佛亦復如是出廣長舌
放无量光釋迦牟尼佛及寶樹下諸佛現神
力時滿百千歲然後還攝舌相一時謦欬俱
共彈指是二音聲遍至十方諸佛世界地皆
六種震動其中衆生天龍夜叉乾闥婆阿脩
羅迦樓羅緊那羅摩睺羅伽人非人等以佛
神力故皆見此娑婆世界无量无邊百千万
億衆寶樹下師子座上諸佛及見釋迦牟尼
佛共多寶如來在寶塔中坐師子座又見无
量无邊百千万億菩薩摩訶薩及諸四衆恭
敬圍繞釋迦牟尼佛既見是已皆大歡喜得
未曾有即時諸天於虛空中高聲唱言過此
无量无邊百千万億阿僧祇世界有國名娑
婆是中有佛名釋迦牟尼今為諸菩薩摩訶
薩說大乘經名妙法蓮華教菩薩法佛所護

薩說大乘經名妙法蓮華教菩薩法佛所護
念汝等當深心隨喜亦當礼拜供養釋迦牟
尼佛彼諸衆生聞虛空中聲已合掌向娑婆
世界作如是言南无釋迦牟尼佛南无釋迦
牟尼佛以種種華香瓔珞幡蓋及諸嚴身之
具珎寶妙物皆共遙散娑婆世界所散諸物
從十方來譬如雲集變成寶帳遍覆此間諸
佛之上于時十方世界通達无礙如一佛土
尒時佛告上行等菩薩大衆諸佛神力如是
无量无邊不可思議若我以是神力於无量
无邊百千万億阿僧祇劫為囑累故說此經
功德猶不能盡以要言之如來一切所有之
法如來一切自在神力如來一切祕要之藏
如來一切甚深之事皆於此經宣示顯說是
故汝等於如來滅後應一心受持讀誦解說
書寫如說脩行所在國土若有受持讀誦解

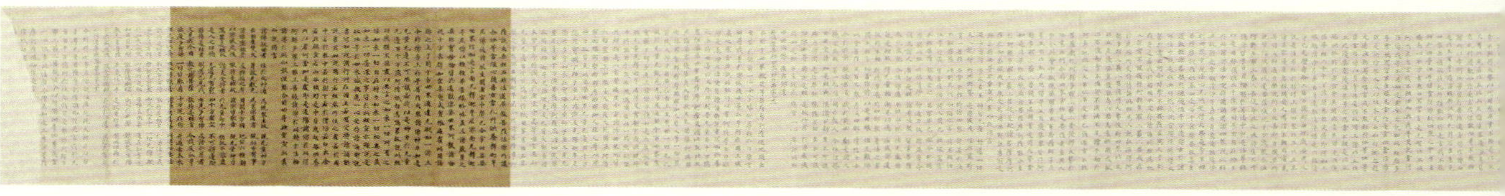

中若於林中若於樹下若於僧坊若白衣舍
若在殿堂若山谷曠野是中皆應起塔供養
所以者何當知是處即是道場諸佛於此得
阿耨多羅三藐三菩提諸佛於此轉于法輪
諸佛於此而般涅槃尒時世尊欲重宣此義
而說偈言
諸佛救世者　住於大神通　為悅衆生故　現无量神力
舌相至梵天　身放无數光　為求佛道者　現此希有事
諸佛謦欬聲　及彈指之聲　周聞十方國　地皆六種動
以佛滅度後　能持是經故　諸佛皆歡喜　現无量神力
囑累是經故　讚美受持者　於无量劫中　猶故不能盡
是人之功德　无邊无有窮　如十方虛空　不可得邊際
能持是經者　則為已見我　亦見多寶佛　及諸分身者
又見我今日　教化諸菩薩　能持是經者　令我及分身
滅度多寶佛　一切皆歡喜　十方現在佛　并過去未來
亦見亦供養　亦令得歡喜　諸佛坐道場　所得秘要法

BD00088　妙法蓮華經卷六

滅度多寶佛　一切皆歡喜　十方現在佛　并過去未來
亦見亦供養　亦令得歡喜　諸佛坐道場　所得祕要法
能持是經者　不久亦當得　能持是經者　於諸法之義
名字及言辭　樂說无窮盡　如風於空中　一切无障礙
於如來滅後　知佛所說經　因緣及次第　隨義如實說
如日月光明　能除諸幽冥　斯人行世間　能滅衆生闇
教无量菩薩　畢竟住一乘　是故有智者　聞此功德利
於我滅度後　應受持斯經　是人於佛道　決定无有疑

妙法蓮華經囑累品第二十二

尒時釋迦牟尼佛從法座起現大神力以右
手摩无量菩薩摩訶薩頂而作是言我於无
量百千万億阿僧祇劫脩習是難得阿耨多
羅三藐三菩提法今以付囑汝等汝等應當
一心流布此法廣令增益如是三摩諸菩薩
摩訶薩頂而作是言

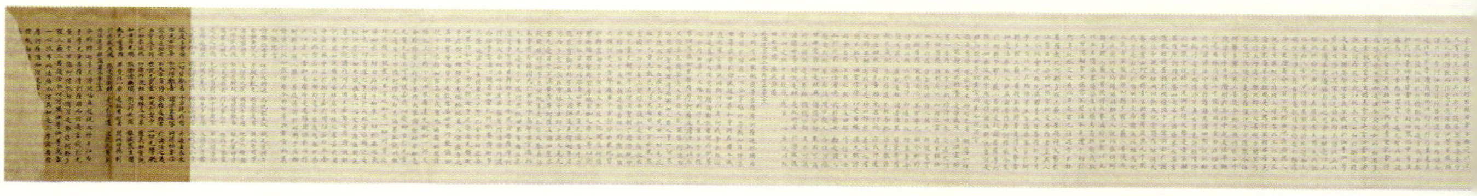

BD00089 大般涅槃經（异卷）卷八

（北凉）曇無讖 譯

BD00089v 回鶻文等勘記

960.3cm × 26.3cm

善男子
頂戴善男子汝亦應當堅持憶
如我先於摩訶般若波羅蜜經
无有二相如因乳生酪因酪得生
得熟蘇因熟蘇得醍醐如是酪性
爲從自生從他生耶乃至醍醐亦
從他生耶是他作非是乳生若非乳生
所爲若自生者不應相似相續而生若相續
生則不俱生若不俱生五種之味則不一時
雖不一時定復不從餘處來也當知乳中先
有酪相甘味多故不能自變乃至醍醐亦復
如是牛食噉水草因緣血脉轉變而得成
乳若食甘草其乳則甜若食苦草乳則苦味
[illegible]

[illegible]
之異是諸衆生以明无明業因緣故生於二
相若无明轉則變為明一切諸法善不善等
亦復如是无有二相迦葉菩薩白佛言世尊
如佛所說乳中有酪是義云何世尊若言乳
中定有酪相以微細故不可見者云何說言
從乳因緣而生於酪法若本无則名為生如
其已有云何言生若言乳中定有酪相百草
之中亦應有乳如是乳中亦應有草若言乳
中定无酪者云何因乳而得生酪若法本无
而後生者何故乳中不生於草善男子不可
定言乳中有酪乳中无酪亦不可說從他而
生若言乳中定有酪者云何而得體味各異
是故不可說言乳中定有酪性若言乳中定

BD00089　大般涅槃經（异卷）卷八

是故不可說言乳中定有酪性若言乳中定
无酪者乳中何故不生菟角置毒乳中酪則
殺人是故不可說言乳中定无酪性若言是
酪從他生者何故水中不生於酪是故不可
說言酪從他生善男子是牛食噉草因緣故
血則變白草血滅已衆生福力變而成乳是
乳雖從草血而出不得言二唯得名為從因
緣生酪至醍醐亦復如是以是義故得名牛
味是乳滅已因緣成酪何等因緣若酢若煖
是故得名從因緣有乃至醍醐亦復如是是
故不得定名乳中无有酪相從他生者離乳
而有无有是處善男子明與无明亦復如是
若與煩惱諸結俱者名為无明若與一切善

見經我先說言雪山有草名曰肥膩牛若食
者即成醍醐佛性亦尒善男子眾生薄福不
見是草佛性亦尒煩惱覆故眾生不見譬如
大海雖同一醎其中亦有上妙之水味同於
乳喻如雪山雖復成就種種切德多生諸藥
亦有毒草諸眾生身亦復如是雖有四大毒
虵之種其中亦有妙藥大王所謂佛性非是
作法但為煩惱客塵所覆若剎利婆羅門毗
舍首陁能斷除者即見佛性成无上道譬如
虛空震雷起雲一切象牙上皆生華若无雷
震華則不生亦无名字眾生佛性亦復如是
常為一切煩惱所覆不可得見是故我說眾
生无我若得聞是大般涅槃微妙經典則見
佛性如象牙華雖聞契經一切三昧不聞是

生无我若得聞是大般涅槃微妙經典則見
佛性如象牙華雖聞契經一切三昧不聞是
經不知如来微妙之相如无雷時象牙上華
不可得見聞是經已即知一切如来所説秘
藏佛性喻如天雷見象牙華聞是經已即知
一切无量衆生皆有佛性以是義故説大涅
槃名爲如来秘密之藏增長法身猶如雷時
象牙上華以能長養如是大義故得名爲大
般涅槃若有善男子善女人有能習學是大
涅槃微妙經典當知是人能報佛恩真佛弟
子迦葉菩薩復白佛言甚奇世尊所言佛性
甚深甚深難見難入聲聞緣覺不能伏佛言
善男子如是如是如汝所歎不違我説迦葉菩
薩白佛言世尊佛性者云何甚深難見難

瞖是時良醫即以金捭決其眼瞙以一指示
問言見不盲人荅言我猶未見復以二指三
指示之乃言少見善男子是大涅槃微妙經
典如来未說亦復如是无量菩薩雖具足行
諸波羅蜜乃至十住猶未能見所有佛性如
来既說即便少見是菩薩摩訶薩既得見已
咸作是言甚奇世尊我等流轉无量生死常
為无我之所惑亂善男子如是菩薩位階十
地尚不了了知見佛性何况聲聞緣覺之人
能得見耶復次善男子譬如仰觀虛空鵝鴈
為是虛空為是鵝鴈諦觀不已髣髴見之十
住菩薩於如来性知見少分亦復如是况復
聲聞緣覺之人能得知見善男子譬如醉人

聲聞緣覺之人能得知見善男子辟如醉人
欲涉遠路矇矓見道十住菩薩於如來性知
見少分亦復如是善男子辟如渴人行於曠
野是人渴逼遍行求水見有叢樹樹有白鶴
是人迷悶不能分別是樹是水諦觀不已乃
見白鶴及以叢林善男子十住菩薩於如來性
知見少分亦復如是善男子辟如有人在
大海中乃至无量百千由旬遠望大舶樓櫓
堂閣即作是念彼是樓櫓為是虛空久視乃
生畢定之心知是樓櫓十住菩薩於自身中
見如來性亦復如是善男子辟如王子身極
濡弱通夜遊戲至明清旦目視一切悉不明
了十住菩薩雖於己身見如來性亦復如是

退在還家雷眼暫參臣見牛叢即作是念彼
是牛耶聚雲屋舍是人久視雖生牛想猶不
審定十住菩薩雖於己身見如來性未能審
定亦復如是復次善男子如持戒比丘觀无
虫水而見虫相即作是念此中動者為是虫
耶是塵土耶久視不已雖知是塵亦不明了
十住菩薩於己身中見如來性亦復如是不
大明了復次善男子譬如有人於陰暗中遠
見小兒即作是念彼為是牛鷲鳥人耶久觀
不已雖見小兒猶不明了十住菩薩於己身
分見如來性亦復如是不大明了復次善男
子譬如有人於夜暗中見畫菩薩像即作是
念是菩薩像自在天像大梵天像成染衣耶
是人久觀雖復意謂是菩薩像亦不明了十住

[illegible]
是人久觀雖復意謂是菩薩像亦不明了十住
菩薩於已身分見如來性亦復如是不大明
了善男子所有佛性如是甚深難得知見唯
佛能知非諸聲聞緣覺所及善男子智者應
作如是分別知如來性迦葉菩薩白佛言世
尊佛性如是微細難知云何肉眼而能得見
佛告迦葉善男子如彼非想非非想天亦非
二乘所能得知隨順契經以信故知善男子
聲聞緣覺信順如是大涅槃經自知已身有
如來性亦復如是善男子是故應當精勤脩
集大涅槃經善男子如是佛性唯佛能知非
諸聲聞緣覺所及迦葉菩薩白佛言世尊非
[illegible]

相往反是時貧人見是王子有一好刀淨妙
第一心中貪著王子後時捉持是刀逃至他
國於是貧人後於他家寄卧止宿即於眠中
讇語刀刀傍人聞之収至王所時王問言汝言
刀者何處得耶是人具以上事荅王王令
設使屠割臣身分張手足欲得刀者實不可
得臣與王子素為親厚先與一處雖曾眼見
乃至不敢以手掌觸况當故取王復問言卿
見刀時相貌何類荅言大王臣所見者如羖
羊角王聞是已欣然而笑語言汝今隨意所
至莫生憂怖我庫藏中都无是刀况汝乃於
王子邊見時王即問諸羣臣言汝等曾見如
是刀不言已崩背尋立餘子紹継王位復問

是刀不言已崩背尋立餘子紹繼王位復問
輔臣卿等曾於官藏之中見是刀不諸臣荅
言臣等曾見仍復問言其状何似荅言大王
如羖羊角王言我官藏中何處當有如是相
刀次第四王皆悉撿技求索不得却後數時
先逃王子從他國還来至本土復得為王既
登王位復問諸臣汝見刀不荅言大王臣等
皆見仍復問言其状何似荅言天子其色清
淨如優鉢羅華復有荅言形如羊角復有説
言其色紅赤猶如火聚復有荅言猶如黑蛇
時王大笑卿等皆悉不見我刀真實之相善
男子菩薩摩訶薩亦復如是出現於世説我
真相説已捨去喻如王子持淨妙刀逃至他
國凡夫愚人説言一切有我有我

有何相荅言我見我相大如拇指或言如米
或如稗子有言我相住在心中熾然如日如
是衆生不知我相喻如諸臣不知刀相菩薩
如是說於我法凡夫不知種種分別妄作我
相如是刀相荅似羊角是諸凡夫次第相續
而起耶見為斷如是諸耶見故如來示現說
於无我喻如王子語諸臣言我庫藏中无如
是刀善男子今日如來所說真我名曰佛性
如是佛性我佛法中喻如淨刀善男子若有
凡夫能善說者即是隨順无上佛法若有善
能分別隨順宣說是者當知即是菩薩相貌
善男子所有種種異論呪術言語文字皆是
佛說非外道說迦葉菩薩白佛言世尊云何

佛說非外道說迦葉菩薩白佛言世尊云何
如來說字根本佛言善男子說初半字以為
根本持諸記論呪術文章諸陰實法凡夫之
人學是字本然後能知是法非法迦葉菩薩
復白佛言世尊所言字者其義云何善男子
有十四音名為字義所言字者名曰涅槃常
故不流若不流者則為无盡夫无盡者即是
如来金剛之身是十四音名曰字本惡者不
破壞故不破壞者名曰三寶喻如金剛又復
惡者不流故不流者即是如来如来九孔无
所流故是故不流又无九孔是故不流不流
即常常即如来如来无作是故不流又復惡
者名為功德功德者即是三寶是故名惡阿
者名阿闍梨阿闍梨者義何謂耶於世間中

得名聖者何等名聖聖名无著少欲知足亦名
清淨能度衆生於三有流生死大海是名為
聖又復阿者名曰制度脩持淨戒隨順威儀
又復阿者名依聖人應學威儀進止舉動供
養恭敬礼拜三尊孝養父母及學大乘善男
女等具持禁戒及諸菩薩摩訶薩等是名聖
人又復阿者名曰教誨如言如來如是應作
如是莫作若有能遮非威儀法是名聖人是
故名阿億者即是佛法梵行廣大清淨无垢
喻如滿月汝等如是應作不作是義非義此
是佛說此是魔說是故名億伊者佛法微妙
甚深難得如自在天大梵天王法名自在若
能持者則名護法又自在者名四護世是四
自在則能攝護大涅槃經亦能自在敷揚宣

能持者則名說法又自在者名四諦世是四
自在則能攝護大涅槃經亦能自在敷揚宣
說又復伊者能為衆生自在說法復次伊者
為自在故說何等是也所謂脩集方等經典
復次伊者為斷嫉妒如除稗穢皆悉能令變
成吉祥是故名伊郁者於諸經中最上最勝
增長上上謂大涅槃復次郁者如來之性聲
聞緣覺所未曾聞如一切處北鬱單曰最為
殊勝菩薩若能聽受是經於一切衆生最為
殊勝以是義故得名最上最勝是故名郁優
者喻如牛乳諸味中上如來之性亦復如是
於諸經中最尊最上若有誹謗當知是人與
牛无別復次優者是人名為无慧正念誹謗

諸佛法性涅槃是故名啞野者謂如来義復
次野者如来進止屈申舉動无不利益一
切衆生是故名野烏者名煩惱義煩惱者名
日諸漏如来永斷一切煩惱是故名烏炮者
謂大乘義於十四音是究竟義大乘經典亦
復如是於諸經論最為究竟是故名炮菴者
能遮一切諸不淨物於佛法中能捨一切金
銀寶物是故名菴阿者名勝乘義何以故此
大乘典大涅槃經於諸經中最為殊勝是故
名阿迦者於諸衆生起大慈悲生於子想如
羅睺羅作妙善義是故名迦呿者名非善友
非善友者名為雜穢不信如来秘密之藏是
故名呿伽者名藏藏者即是如来秘藏一切

故名呿伽者名藏藏者即是如來秘藏一切
衆生皆有佛性是故名伽峘者如來常音何
等名為如來常音所謂如來常住不變是故
名峘俄者一切諸行破壞之相是故名俄遮
者即是脩義調伏一切諸衆生故名為脩義
是故名遮車者如來覆蔭一切衆生喻如大
蓋是故名車闍者是正解脫无有老相是故
名闍膳者煩惱繁茂喻如稠林是故名膳若
者是智慧義知真法性是故名若吒者於閻
浮提示現半身而演說法喻如半月是故名
吒咃者法身具足喻如滿月是故名咃荼者
是愚癡僧不知常與无常喻如小兒是故名

[illegible]

彼告諸比丘宜離驚畏當為汝等說微妙法
是故名多他者名愚癡義衆生流轉生死纒
裹如蠶蜣蜋是故名他陁者名曰大施所謂
大乘是故名陁彈者稱讚功德所謂三寶如須
弥山高峻廣大无有傾倒是故名彈耶者三
寶安住无有傾動喻如門閫是故名耶波者
名顛倒義若言三寶悉皆滅盡當知是人為
自疑惑是故名波頗者是世間災若言世間
災起之時三寶亦盡當知是人愚癡无智違
失聖旨是故名頗婆者名佛十力是故名婆
滼者名為重擔堪任荷負无上正法當知是
人是大菩薩是故名滼摩者是諸菩薩嚴峻
制度所謂大乘大般涅槃是故名摩虵者是

人是大菩薩是故名滼摩者是諸菩薩嚴峻
制度所謂大乘大般涅槃是故名摩虵者是
諸菩薩在在處處為諸衆生說大乘法是故
名虵囉者能壞貪欲瞋恚愚癡說真實法是
故說囉羅者名聲聞乘動轉不住大乘安固
无有傾動捨聲聞乘精進脩集无上大乘是
故名羅和者如來世尊為諸衆生雨大法雨
所謂世間呪術經書是故名和奢者遠離三
箭是故名奢沙者名具足義若能聽是大涅
槃經則為已得聞持一切大乘經典是故名
沙娑者為諸衆生演說正法令心歡喜是故
名娑呵者名心歡喜奇哉世尊離一切行恠
哉如來入般涅槃是故名呵荼者名曰魔義
无量諸魔不能毀壞如來祕藏是故名荼復

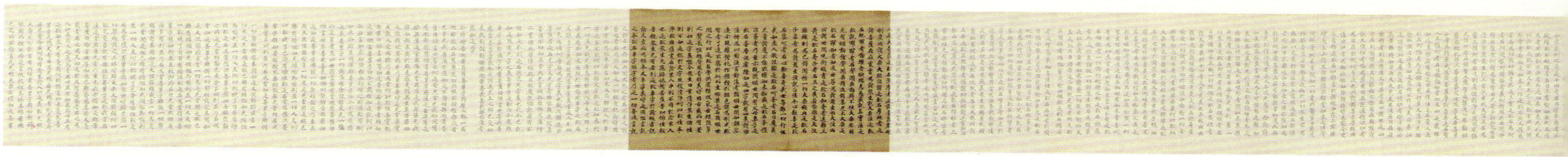

故名荼魯流盧樓如是四字說有四義謂佛
法僧及以對法言對法者隨順世間如調婆
達示現壞僧化作種種形貌色像爲制戒故
智者了達不應於此而生怖畏是名隨順世
間之行以是故名魯流盧樓吸氣舌根隨鼻
之聲長短超聲隨音解義皆因舌齒而有差
別如是字義能令衆生口業清淨衆生佛性
則不如是假於文字然後清淨何以故性本
淨故雖復處在陰界入中則不同於陰界入
也是故衆生悉應歸依諸菩薩等以佛性故
等視衆生无有差別是故半字於諸經書記
論文章而爲根本又半字義皆是煩惱言說
之本故名半字滿字者乃是一切善法言說

BD00089　大般涅槃經（异卷）卷八

論文章而為根本又半字義皆是煩惱言說
之本故名半字滿字者乃是一切善法言說
之根本也譬如世間為惡之者名為半人脩
善之者名為滿人如是一切經書記論皆因
半字而為根本若言如來及正解脫入於半
字是事不然何以故離文字故是故如來於
一切法无礙无著真得解脫何等名為解了
字義有知如來出現於世能滅半字是故名
為解了字義若有隨逐半字義者是人不知
如來之性何等名為无字義也親近脩進不
善法者是名无字又无字者雖能親近脩集
善法不知如來常與无常恒與非恒及法僧
二寶律與非律經與非經魔說佛說若有不
能如是分別是名隨逐无字義也我今已說

如[illegible]

半字善解滿字迦葉菩薩白佛言世尊我等
應當善學字數今我值遇无上之師已受如
来敎勤誨勑佛讚迦葉善哉善哉樂正法者
應如是學
尒時佛告迦葉菩薩善男子鳥有二種一名
迦鄰提二名鴛鴦遊止共俱不相捨離是苦
无常无我等法亦復如是不得相離迦葉菩
薩白佛言世尊云何是苦无常无我如彼鴛
鴦迦鄰提鳥佛言善男子異法是苦異法是
樂異法是常異法无常異法是我異法无我
譬如稻米異於麻麦麻麦復異豆粟甘蔗如
是諸種從其萌牙乃至華葉皆是无常菓實
成熟人受用時乃名為常何以故性真實故

成熟人受用時乃名為常何以故性真實故
迦葉白佛言世尊如是等物若是常者同如
来耶佛言善男子汝今不應作如是說何以
故若言如来如須弥山劫壞之時須弥崩倒
如来尒時豈同壞耶善男子汝今不應受持
是義善男子一切諸法唯除涅槃更无一法
而是常者直以世諦言菓實常迦葉菩薩白
佛言世尊善哉善哉如佛所說佛告迦葉如
是如是善男子雖脩一切契經諸定乃至未
聞大般涅槃皆言一切悉是无常聞是經已
雖有煩惱如无煩惱即能利益一切人天何
以故曉了己身有佛性故是名為常復次善
男子譬如菴羅樹其華始敷名无常相若成
菓實多所利益乃名為常如是善男子雖有

一切契經諸定未聞如是大涅槃時咸言一
切悉是无常聞是經已雖有煩惱如无煩惱
即能利益一切人天何以故曉了自身有佛
性故是名爲常復次善男子譬如金鑛消融
之時是无常相融已成金多所利益乃名爲
常如是善男子雖脩一切契經諸定未聞如
是大涅槃時咸言一切悉是无常聞是經已
雖有煩惱如无煩惱即能利益一切人天何
以故曉了自身有佛性故是名爲常復次善
男子譬如胡麻未被押時名曰无常既押成
油多有利益乃名爲常善男子雖脩一切契
經諸定未聞如是大涅槃經咸言一切悉是
无常聞是經已雖有煩惱如无煩惱即能利
益一切人天何以故曉了己身有佛性故是

益一切人天何以故曉了己身有佛性故是
名為常復次善男子譬如衆流皆歸于海一
切契經諸定三昧皆歸大乘大涅槃經何以
故究竟善説有佛性故善男子是故我言異
法是常異法无常乃至无我亦復如是迦葉
菩薩白佛言世尊如來已離憂悲毒箭夫憂
悲者名之為天如來非天有憂悲者名之為
人如來非人是憂悲者名廿五有如來非廿五有
是故如來无有憂悲何故稱言如來憂悲善
男子无想天者名為无想若无想者則无壽命
若无壽命云何而有陰界諸入以是義故无想
天壽不可説言有所住處善男子譬如樹神
依樹而住不得定言依枝依節依華依葉雖
[illegible]无想天壽亦復如是善男

之佛性亦爾甚深難解如來實无憂愁悲惱
而於衆生起大慈悲現有憂悲視諸衆生如
羅睺羅復次善男子无想天中所有壽命唯
佛能知非餘所及乃至非想非非想處亦復
如是迦葉如來之性清淨无染猶如化身何
處當有憂悲苦惱若言如來无憂悲者云何
能利一切衆生弥廣佛法若言无者云何而
言等視衆生如羅睺羅若不等視如羅睺羅
如是之言則為虛妄以是義故善男子佛不
可思議法不可思議衆生佛性不可思議无
想天壽不可思議如來有憂及以无憂是佛
境界非諸聲聞緣覺所知善男子辟如空中
舍宅微塵不可住立若言舍宅不因空住无
有是處以是義故不可說舍住於虛空不住

有是處以是義故不可説舍住於虚空不住
虚空凡夫之人雖復説言舍住虚空而是虚
空實无所住何以故性无住故善男子心亦如
是不可説言住陰界入及以不住无想天壽
亦復如是如来憂悲亦復如是若无憂悲云
何説言等視衆生如羅睺羅若言有者復云
何言性同虚空善男子辟如幻師雖復化作
種種宫殿殺生長養繫縛放捨及作金銀琉
璃寶物叢林樹木都无實性如来亦尒随順
世間示現憂悲无有真實善男子如来已入
於般涅槃云何當有憂悲苦惱若謂如来入
般涅槃是无常者當知是人則有憂悲若謂
如来不入涅槃常住不變當知是人无有憂
悲如来有憂悲无憂悲知者復次善男

不知於上上者知上及知中下聲聞緣覺亦
復如是齊知自地如來不尒悉知自地及以
他地是故如來名无礙智示現幻化隨順世
間凡夫肉眼謂是真實而欲盡知如來无礙
无上智者无有是處有愁无愁唯佛能知以
是因緣異法有我異法无我是名鴛鴦迦鄰
提鳥性復次善男子佛法猶如鴛鴦共行是
迦鄰提及鴛鴦鳥盛夏水漲撰擇高原安處
其子為長養故然後隨本安隱而遊如來出
世亦復如是化无量衆令住正法如彼鴛鴦
迦鄰提鳥撰擇高原安置其子如來亦尒令
諸衆生所作已辦即便入於大般涅槃善男
子是名異法是苦異法是樂諸行是苦涅槃

BD00089　大般涅槃經（异卷）卷八

諸衆生所作已辨即便入於大般涅槃善男
子是名異法是皆異法是樂諸行是皆涅槃
是樂第一微妙壞諸行故迦葉菩薩白佛言
世尊云何衆生得涅槃者名第一樂佛言善
男子如我所說諸行和合名為老死
謹慎莫放逸 是處名甘露 放逸不謹慎 是名為死句
若不放逸者 則得不死處 如其放逸者 常趣於死路
若放逸者名有為法是有為法為第一苦不
放逸者則名涅槃彼涅槃者名為甘露第一
寂樂若趣諸行是名死處受第一苦若至涅
槃則名不死受寂妙樂若不放逸雖集諸行
是亦名為常樂不死不破壞身云何放逸云
何不放逸非聖凡夫是名放逸常死之法出
世聖人是不放逸無有老死何以故入於第

異法是我異法无我如人在地仰觀虛空不
見鳥跡善男子衆生亦尒无有天眼在煩惱
中而不自見有如來性是故我說无我密教
所以者何无天眼者不知真我横計我故因
諸煩惱所造有為即是无常是故我說異法
是常異法无常
精勤勇健者　若處於山頂　平地及曠野　常見諸凡夫
昇大智慧殿　无上微妙臺　既自除憂患　亦見衆生憂
如來悉斷无量煩惱住智慧山見諸衆生常
在无量億煩惱中迦葉菩薩白佛言世尊如
偈所說是義不然何以故入涅槃者无憂无
喜云何得昇智慧臺殿復當云何住在山頂

善云何得昇智慧臺殿復當云何住在山頂
而見衆生佛言善男子智慧殿者即名涅槃
无憂愁者謂如来也有憂愁者名凡夫人以
凡夫憂故如来无憂須祢山頂者謂正解脫
勤精進者喻須祢山无有動轉地謂有為行
世是諸凡夫安住是地造作諸行其智慧者
則名正覺離有常住故名如来如来愍念无
量衆生常為諸有毒箭所中是故名為如来
有憂迦葉菩薩白佛言世尊若使如来有憂
感者則不得稱為等正覺佛言迦葉皆有因
緣隨有衆生應受化處如来於中示現受生
雖現受生而實无生是故如来名常住法如
迦鄰提鴛鴦等鳥

處衆生復謂月出而此月性實无出世何以
故以須弥山鄣故不現其月常生性无出沒
如来應正遍知亦復如是出於三千大千世
界或閻浮提示有父母衆生皆謂如来生於
閻浮提內或閻浮提示現涅槃而如来性實
无涅槃而諸衆生皆謂如来實般涅槃喻如
月沒善男子如来之性實无生滅為化衆生
故亦現生滅善男子如此滿月餘方見半此
方半月餘方見滿閻浮提人若見初月皆謂
一日起初月想見月盛滿謂十五日生盛滿
想而此月性實无虧盈因須弥山而有增減
善男子如来亦尒於閻浮提或現初生或現
涅槃現始生時猶如月初一切皆謂童子初

BD00089　大般涅槃經（异卷）卷八

涅槃現始生時猶如月初一切皆謂童子初
生行於七步如二日月或復示現入於學堂
如三日月示現出家如八日月放大智慧微
妙光明能破无量衆生魔業如十五日盛滿
之月或復示現卅二相八十種好以自莊嚴
而現涅槃喻如月蝕如是衆生所見不同或
見半月或見滿月或見月蝕而此月性實无
增減蝕噉之者常是滿月如来之身亦復如
是是故名爲常住不變復次善男子喻如滿
月一切悉現在在處處城邑聚落山澤水中
若井若池若瓮若鑊一切皆現有諸衆生行
百由旬百千由旬見月常隨凡夫愚人妄生
憶想言我本於城邑屋宅見如是月今復於
此空澤中見爲是本月爲異[illegible]各作是念

言猶如卅九由旬一切皆見月之光明或見
團圓喻如金槃是月性一種種衆生各見異
相善男子如来亦尒出現於世或有人天而
作是念如来今者在我前住復有衆生亦生
是念如来今者在我前住或有聾瘂亦見如
来有聾瘂想衆生雜類言音各異皆謂如来
悉同已語亦各生念在我舍宅受我供養或
有衆生見如来身廣大无量有見微小或有
見佛是聲聞像或復有見爲緣覺像有諸外
道復各念言如来今者在我法中出家學道
或有衆生復作是念如来今者獨爲我故出
現於世如来實性喻如彼月即是法身是无
生身方便之身隨順於世示現无量本業因

BD00089　大般涅槃經（异卷）卷八

生身方便之身隨順於世示現无量本業因
緣在在處處示現有生猶如彼月以是義故
如来常住无有變異復次善男子如羅睺羅
阿脩羅王以手遮月世間諸人咸謂月蝕阿
脩羅王實不能蝕以阿脩羅鄣其明故是月
團圓无有虧損但以手鄣故使不現若攝手
時世間咸謂月已還生皆言是月多受苦惱
假使百千阿脩羅王不能惱之如来亦尒示
有衆生於如来所生麁惡心出佛身血起五
逆罪至一闡提為未来世諸衆生故如是示
現破僧斷法而作留難假使百千无量諸魔
不能得出如来身血所以者何如来之身无
有肉血筋脉骨髓如来真實實无惱壞衆生
皆謂法僧破壞如来實毁如来常住真實无

子如二人鬪若以刀杖傷身出血雖至於死
不起殺想如是業相輕而不重於如來所本
无殺心雖出身血是業亦尒輕而不重如來
如是於未來世爲化衆生示現業報復次善
男子猶如良醫勤教其子醫方根本此是根
藥此是莖味藥此是色藥種種相貌汝當善
知其子敬奉父之所勑精勤習學善解諸藥
是醫後時壽盡命終其子啼咷而作是言父
本教我根藥如是莖藥如是華藥如是色相
如是如來亦尒爲化衆生亦現制戒應當如
是受持莫犯作五逆罪誹謗正法及一闡提
爲未來世起是事者是故示現欲令比丘於
佛滅後作如是知此是契經甚深之義此是

BD00089　大般涅槃經（异卷）卷八

佛滅後作如是知此是契經甚深之義此是
戒律輕重之相此是阿毗曇分別法句如彼
嬰子復次善男子如人知月六月一蝕而上
諸天須臾之間已見月蝕何以故彼天日長
人間短故善男子如来亦尒天人咸謂如来
壽短如彼天人須臾之間頻見月蝕如来又
於須臾之間示現百千万億涅槃斷煩惱魔
陰魔死魔是故百千万億天魔悉知如来入
般涅槃又復示現无量百千先業因緣隨順
世間種種性相示現如是无量无邊不可思
議是故如来常住无變復次善男子譬如明
月衆生樂見是故稱月号為樂見衆生若有
貪恚愚癡則不得稱為樂見世如来如是其
性善清淨无垢是名可稱為樂見之樂法

[illegible]
故故言如来喻如明月復次善男子譬如日
出有三時異謂春夏冬冬日則短春日處中
夏日極長如来亦尒於此三千大千世界為
短壽者及諸聲聞示現壽短斯等見已咸謂
如来壽命短促喻如冬日為諸菩薩示現中
壽若至一劫若減一劫喻如春日唯佛觀佛
其壽无量喻如夏日善男子如来所說方等
大乘微密之教示現世間雨大法雨於未来
世若有人能護持是典開示分別利益衆生
當知是輩真是菩薩喻如盛夏天降甘雨若
有聲聞緣覺之人聞佛如来微密之教喻如
冬日多遇冷患菩薩之人若聞如是微密教
誨如来常住性无變易喻如春日萌牙開敷

誨如來常住性无變易喻如春日萌牙開敷
而如來性實无長拒為世間故示現如是即
是諸佛真實法性復次善男子譬如衆星晝
則不現而人皆謂晝星滅沒其實不沒所以
不現日光映故如來亦尒聲聞緣覺不能得
見喻如世人不見晝星復次善男子譬如陰
闇日月不現愚夫謂言日月失沒而是日月
實不失沒如來正法滅盡之時三寶現沒亦
復如是非為永滅是故當知如來常住无有
變易何以故三寶真性不為諸垢之所染故
復次善男子譬如黑月彗星夜現其明炎熾
暫出還沒衆生見已生不祥想諸辟支佛亦
復如是出无佛世衆生見已皆謂如來真實
[illegible]

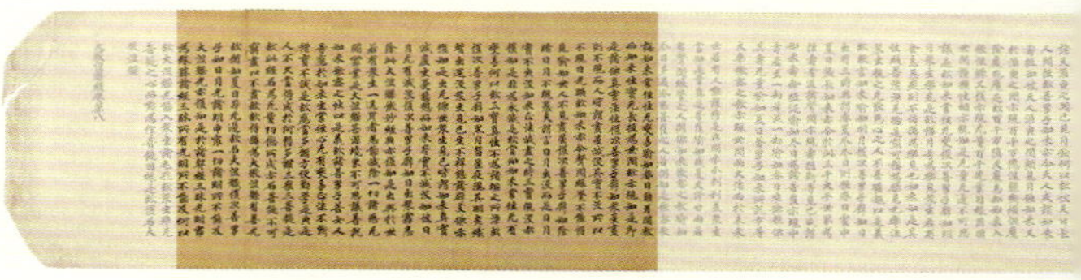

除此大涅槃微妙經典亦復如是出興於世
若有衆生一逕耳者悉能滅除一切諸惡无
閒罪業是大涅槃甚深境界不可思議善説
如来微密之性以是義故諸善男子善女人
等應於如来生常住心无有變易正法不斷
僧寶不滅是故應當多脩方便勤學是典是
人不久當得成於阿耨多羅三藐三菩提是
故此經名爲无量功德所成亦名菩提不可
窮盡以不盡故故得稱爲大般涅槃有善光
故猶如夏日身无邊故名大涅槃復次善男
子如日月光諸明中最一切諸明所不能及
大涅槃光亦復如是於諸契經三昧光明最
爲殊勝諸經三昧所有光明所不能及何以

BD00089　大般涅槃經（异卷）卷八

為殊勝諸經三昧所有光明所不能及何以
故大涅槃光能入衆生諸毛孔故衆生雖无
菩提之心而能為作菩提因緣是故復名大
般涅槃

大般涅槃經卷第八

BD00089v　回鶻文等勘記

BD00089v　回鶻文等勘記

BD00090 金光明最勝王經卷二

（唐）義净 譯

BD00090v 雜寫

87.5cm × 25.5cm

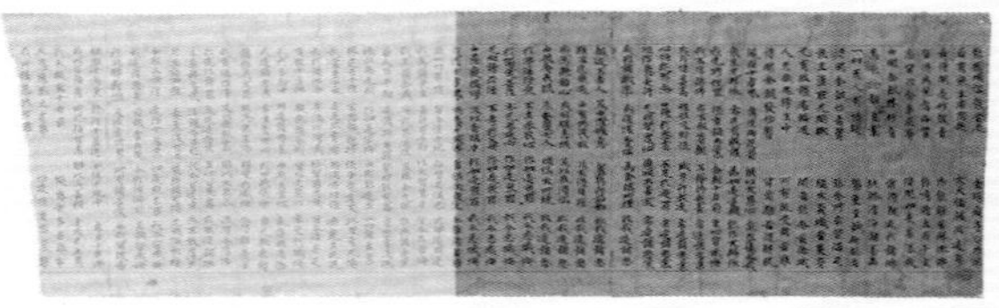

能斷煩惱衆苦流　貪瞋癡等皆除滅
若有衆生處惡趣　大火猛燄周遍身
若得聞是妙鼓音　即能離苦歸依佛
皆得成就宿命智　能憶過去百千生
悉皆正念牟尼尊　得聞如來甚深教
由聞金鼓勝妙音　常得親近於諸佛
悉能捨離諸惡業　純修清淨諸善品
一切天人有情類　慇重至誠祈願者
得聞金鼓妙音聲　能令所求皆滿足
衆生墮在无間獄　猛火炎熾苦焚身
无有救護處輪迴　聞者能令苦除滅
人天餓鬼傍生中　所有現受諸苦難
得聞金鼓發妙響　皆蒙離苦得解脫
現在十方界　常住兩足尊　願以大悲心　哀愍憶念我

貪

我不信諸佛　亦不敬尊親　不務修衆善　常造諸惡業
或自恃尊高　種姓及財位　盛年行放逸　常造諸惡業
心恒起邪念　口陳於惡言　不見於過罪　常造諸惡業
恒作愚夫行　无明闇覆心　隨順不善友　常造諸惡業
或因諸戲樂　或復懷憂惱　為貪瞋所纏　故我造諸惡
親近不善人　及由慳嫉意　貧窮行諂誑　故我造諸惡
雖不樂衆過　由有怖畏故　及不得自在　故我造諸惡
或為躁動心　或因瞋恚恨　及以飢渴惱　故我造諸惡
由飲食衣服　及貪愛女人　煩惱火所燒　故我造諸惡
於佛法僧衆　不生恭敬心　作如是衆罪　我今悉懺悔
於獨覺菩薩　亦无恭敬心　作如是衆罪　我今悉懺悔
无知謗正法　不孝於父母　作如是衆罪　我今悉懺悔
由愚癡憍慢　及以貪瞋力　作如是衆罪　我今悉懺悔
我於十方界　供養无數佛　當願救衆生　令離諸苦難

由愚癡憍慢　及以貪瞋力　作如是衆罪　我今悉懺悔
我於十方界　供養无數佛　當願拔衆生　令離諸苦難
願一切有情　皆令住十地　福智圓滿已　成佛導群迷
我為諸衆生　苦行百千劫　以大智慧力　皆令出苦海
我為諸含識　演說甚深經　最勝金光明　能除諸惡業
若人百千劫　造諸極重罪　暫時能發露　衆惡盡消除
依此金光明　作如是懺悔　由斯能速盡　一切諸苦業
勝定百千種　不思議總持　根力覺道支　修習常无倦
我當至十地　具足珍寶處　圓滿佛功德　濟度生死流
我於諸佛海　甚深功德藏　妙智難思議　皆令得具足
唯願十方佛　觀察護念我　皆以大悲心　哀受我懺悔
我於多劫中　所造諸惡業　由斯生苦惱　哀愍願消除
我造諸惡業　常生憂怖心　於四威儀中　曾无歡樂想
諸佛具大悲　能除衆生怖　願受我懺悔　令得離憂苦

未來諸惡業　防護令不起　設令有違者　終不敢覆藏
身三語四種　意業復有三　繫縛諸有情　无始恒相續
由斯三種行　造作十惡業　如是衆多罪　我今皆懺悔
我造諸惡業　苦報當自受　今於諸佛前　至誠皆懺悔
於此贍部洲　及他方世界　所有諸善業　今我皆隨喜
願離十惡業　修行十善道　安住十地中　常見十方佛
我以身語意　所修福智業　願以此善根　速成无上慧
我今親對十力前　發露衆多苦難事
凡愚迷惑三有難　恒造極重惡業難
我所積集欲邪難

BD00090v　雜寫

BD00091 四分律比丘戒本

（後秦）佛陀耶舍 譯

（唐）懷素 集

269.5cm × 27cm

處波逸提若比丘石……中若寄宿處捉寶若以寶莊
飾具自捉教人捉當……有主識者當取作如是因緣非餘
若比丘非時入聚落……比丘者波逸提
若比丘作繩牀木牀足……指除入陛孔上截竟過者波
逸提
若比丘作兜羅綿貯作繩牀木牀大小褥成者波逸提
若比丘作骨牙角鍼筒刳刮者波逸提
若比丘作尼師壇當應量作是中量者長佛二磔手廣一磔
手半更增廣長各半磔手若過截竟波逸提
若比丘作覆瘡衣當應量作是中量者長佛四磔手廣二磔手
截竟過者波逸提
若比丘作雨浴衣當應量作是中量者長佛六磔手廣二磔手
半過者截竟過者波逸提
若比丘與如來等量作衣或過量者作波逸提是中如來衣量
長佛十磔手廣六磔手是謂如來衣量 九十
諸大德我已說九十波逸提法今問諸大德是中清淨不 三說

諸大德我已說九十波逸提法今問諸大德是中清淨不三說
諸大德是中清淨嘿然故是事如是持
諸大德是四波羅提提舍尼法半月半月說戒經中來
若比丘入村中從非親里比丘尼若无病自手受食食者是
比丘應向餘比丘悔過言大德我犯可呵法所不應為我
今向大德悔過是名悔過法
若比丘至白衣家內食是中有比丘尼指示與某甲羹某甲飯
比丘應語彼比丘尼如是言大姊且止須比丘食竟若无一比
丘語彼比丘尼如是言大姊且止須比丘食竟者是比丘應向餘
比丘悔過言大德我犯可呵法所不應為我今向大德悔
過是名悔過法
若比丘先作學家若比丘如是學家先不請无病自手
受食食者是比丘應向餘比丘悔過言大德我犯可呵法所
不應為我今向大德悔過是名悔過法
若比丘在阿蘭若迥遠有疑恐怖處住若比丘在如是阿蘭

若比丘在阿蘭若迥遠有疑恐怖處住若比丘在如是阿蘭
若處住先不語檀越若僧伽藍外不受食在僧伽藍
内无病自手受食食者應向餘比丘悔過言大德我犯可
呵法所不為我今向大德悔過是名悔過法
諸大德我已說四波羅提提舍尼法今問諸大德是中清淨不三說
諸大德是中清淨嘿然故是事如是持
諸大德是衆學戒法半月半月說戒經中來
當齊整著湼槃僧應當學　當齊整著三衣應當學
不得反抄衣行入白衣舍應當學
不得反抄衣入白衣舍坐應當學
不得衣纏頸入白衣舍應當學
不得衣纏頸入白衣舍坐應當學
不得覆頭入白衣舍應當學
不得覆頭入白衣舍坐應當學
不得跳行入白衣舍應當學

不得跳行入白衣舍應當學
不得跳行入白衣舍坐應當學 十
不得白衣舍內蹲坐應當學
不得叉腰行入白衣舍應當學
不得叉腰行入白衣舍坐應當學
不得搖身行入白衣舍應當學
不得搖身行入白衣舍坐應當學
不得掉臂行入白衣舍應當學
不得掉臂行入白衣舍坐應當學
不得 好覆身入白衣舍應當學
好覆身入白衣舍坐應當學
不得左右顧視行入白衣舍應當學 廿
不得左右顧視行入白衣舍坐應當學
靜默入白衣舍應當學
靜默入白衣舍坐應當學

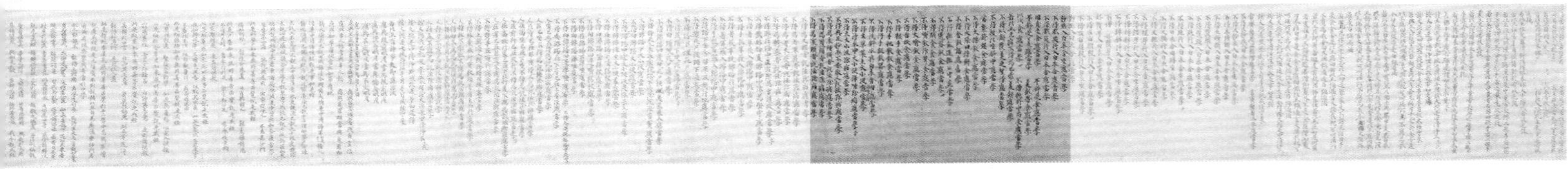

靜默入白衣舍坐應當學
不得戲笑行入白衣舍應當學
不得戲笑行入白衣舍應當學
用意受食應當學　平鉢受食應當學
平鉢受羹應當學　羹飯等食應當學
以次食應當學　卌　不得挑鉢中而食應當學
若比丘無病不得為己索羹飯應當學
不得以飯覆羹更望得應當學
不得視比坐鉢中應當學
當繫鉢想食應當學
不得大摶飯食應當學
不得大張口待飯食應當學
不得含飯語應當學
不得摶飯遥擲口中應當學
不得遺落飯食應當學　卌

不得遺落飯食應當學卌
不得頰食食應當學
不得嚼飯作聲食應當學
不得大噏飯食應當學
不得舌舐食應當學
不得振手食應當學
不得手把散飯食應當學
不得汙手捉飲器應當學
不得洗鉢水棄白衣舍內應當學
不得生草菜上大小便涕唾除病應當學
不得淨水中大小便涕唾除病應當學五十
不得立大小便除病應當學
不得與反抄衣不恭敬人說法除病應當學
不得為衣纏頸者說法除病應當學
不得為覆頭者說法除病應當學
不得為裹頭者說法除病應當學

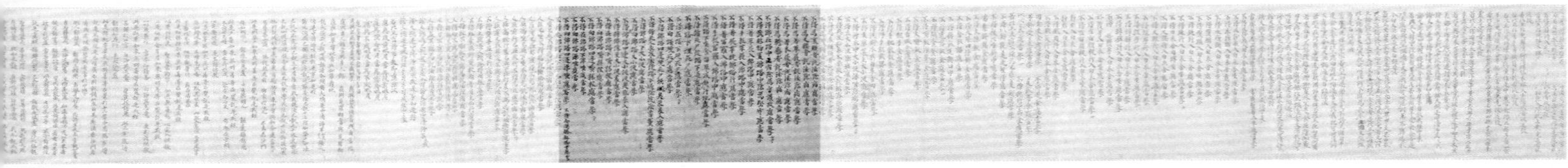

不得為裹頭者說法除病應當學
不得為叉腰者說法除病應當學
不得為著革屣者說法除病應當學
不得為著木屐者說法除病應當學
不得為騎乘者說法除病應當學
不得佛在塔中止宿除為守護故應當學卒
不得藏財物置佛塔中除為堅牢應當學
不得著革屣入佛塔中應當學
不得手捉革屣入佛塔中應當學
不得著革屣繞佛塔行應當學
不得著富羅入佛塔中應當學
不得手捉富羅入佛塔中應當學
不得塔下坐食留草及食汙地應當學
不得擔死屍從塔下過應當學
不得塔下埋死屍應當學

不得塔下埋死尸應當學
不得在塔下燒死尸應當學 七十
不得向塔燒死尸應當學
不得佛塔四邊燒死尸使臭氣來入應當學
不得持死人衣及床從塔下過除浣染香薰應當學
不得佛塔下大小便應當學
不得向佛塔大小便應當學
不得佛繞塔四邊大小便使臭氣來入應當學
不得持佛像至大小便處應當學
不得在佛塔下嚼楊枝應當學
不得向佛塔嚼楊枝應當學
不得佛塔四邊嚼楊枝應當學 八十
不得在佛塔下涕唾應當學
不得向佛塔涕唾應當學
不得佛塔四邊涕唾應當學
不得向佛塔舒脚坐應當學

不得向佛塔四邊涕唾應當學　不得向佛塔舒脚坐應當學
不得安佛塔在下房已在上房住應當學
人坐已立不得爲說法除病應當學
人卧已坐不得爲說法除病應當學
人在座已在非座得不爲說法除病應當學
人在高坐已在下坐不得爲說法除病應當學
人在前行已在後行不得爲說法除病應當學　九十
人在高經行處已在下經行處不應爲說法除病應當學
人在道已在非道不應爲說法除病應當學
不得携手在道行應當學
不得上樹過人頭除時因緣應當學
不得絡囊盛鉢貫杖頭著肩上而行應當學
人持杖不恭敬不應爲說法除病應當學
人持劍不應爲說法除病應爲當學
人持鉾不應爲說法除病應當學
人持刀不應爲說法除病當應學

人持刀不應爲説法除病當應學
人持蓋不應爲説法除病應當學
諸大德我已説衆學法今問諸大德是中清淨不三説
諸大德是中清淨默然故是事如是持
諸大德是七滅諍法半月半月戒經中来
若比丘有諍事起即應除滅
應與現前毗尼當與現前毗尼
應與憶念毗尼當與憶念毗尼
應與不癡毗尼當與不癡毗尼
應與自言治當與自言治
應與不癡毗尼當與不癡毗尼　應與自言治當與自言治
應與多人語當與多人語　應與覓罪相當與覓罪相
應與如草覆地當與如草覆地
諸大德我已説七滅諍法今問諸大德是中清淨不如是至三諸大
德是中清淨默然故是事如是持

德是中清淨嘿然故是事如是持
諸大德我已說戒經序說波羅夷法已說十三僧伽婆尸沙法
已說二不定法已說三十尼薩耆波逸提法已說九十波逸提法
已說四波羅提提舍尼法已說衆學戒法已說七滅諍法此是
佛所說戒經中來若更有餘佛法是中皆共和合應當學
半月半月說
忍辱第一道　佛說無為最　出家惱他人　不名為沙門
此是毗婆尸如來無所著等正覺說是戒經
譬如明眼人　能避嶮惡道　世有聰明人　能遠離諸惡
此是尸棄如來無所著等正覺說是戒經
不謗亦不嫉　當奉行於戒　飲食知止足　常樂在空閑
心定樂精進　是名諸佛教
此是毗葉羅如來無所著等正覺說是戒經
譬如蜂採華　不壞色與香　但取其味去　比丘入聚落　不違戾他事
不觀作不作　但自觀身行　若正若不正

不觀作不作　但自觀身行　若正若不正
此是拘樓孫如來無所著等正覺説是戒經
心莫作放逸　聖法當勤學　如是無憂愁　心定入涅槃
此是拘那含牟尼如來無所著等正覺説是戒經
一切惡莫作　當奉行諸善　自淨其志意　是則諸佛教
此是迦葉如來無所著等正覺説是戒經
善護於口言　自淨其志意　身莫作諸惡　此三業道淨
能得如是行　是大仙人道
此是釋迦牟尼如來無所著等正覺於十二年中爲無事僧
説是戒經從是已後廣分別説諸比丘自爲樂法樂沙門者
有慚有愧樂學戒者當於中學
明人能護戒　能得三種樂　名譽及利養　死得生天上　當觀如是處
有智勤護戒　戒淨有智慧　便得第一道　如過去諸佛　及以未來者

有智勤護戒　戒淨有智慧　便得第一道　如過去諸佛　及以未來者
現在諸世尊　能勝一切憂　皆共尊敬戒　此是諸佛法　若有自為身
欲求於佛道　當尊重正法　此是諸佛教　七佛為世尊　滅除諸結使
說是七戒經　諸縛得解脫　已入於涅槃　諸戲永滅盡　尊行大仙說
聖賢稱譽戒　弟子之所行　入寂滅涅槃　世尊涅槃時　興起於大悲
集諸比丘眾　與如是教誡　莫謂我涅槃　淨行者無護　我今說戒經
亦善說毗尼　我雖般涅槃　當視如世尊　此經久住世　佛法得熾盛
以是熾盛故　得入於涅槃　若不持此戒　如所應布薩　喻如日沒時
世界皆闇冥　當護持是戒　如犛牛愛尾　和合一處坐　如佛之所
我已說戒經　眾僧布薩竟　我今說戒經　所說諸功德　施一切
皆共成佛道

弟子戒

BD00092

妙法蓮華經卷七

（後秦）鳩摩羅什 譯

182cm × 26.5cm

虛空中行住坐臥身上出水身下出火身
下出水身上出火或現大身滿虛空中而復
現小小復現大於空中滅忽然在地入地如
水履水如地現如是　種種神變令其父王
心淨信解時父見子神力如是心大歡喜得未
曾有合掌向子言汝等師為是誰誰之弟子
二子白言大王彼雲雷音宿王華智佛今在
七寶菩提樹下法座上坐於一切世間天人
眾中廣說法華經是我等師我是弟子父
語子言我今亦欲見汝等師可共俱往於是二
子從空中下到其母所合掌白母父王今已
信解堪任發阿耨多羅三藐三菩提心我等
為父已作佛事願母見聽於彼佛所出家修
道尒時二子欲重宣其意以偈白母

[illegible]
母即告言聽汝出家所以者何佛難值故於
是二子白父母言善哉父母願時往詣雲雷
音宿王華智佛所親近供養所以者何佛難
得值如優曇波羅華又如一眼之龜值浮木孔
而我等宿福深厚生值佛法是故父母當聽
我等令得出家所以者何諸佛難值時亦、
難遇彼時妙莊嚴王後宮八万四千人皆悉堪
任受持是法華經淨眼菩薩於法華三昧
久已通達淨藏菩薩已於无量百千万億劫
通達離諸惡趣三昧欲令一切衆生離諸惡
趣故其王夫人得諸佛習三昧能知諸佛秘
密之藏二子如是以方便力善化其父令心信
解好樂佛法於是妙莊嚴王與羣臣眷屬俱
淨德夫人與後宮采女眷屬俱其王二子與

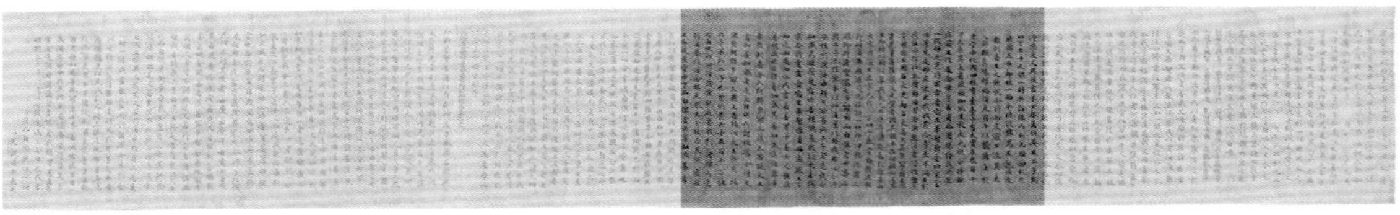

[illegible]
淨德夫人與後宮采女眷屬俱其王二子與
四万二千人俱一時共詣佛所到已頭面礼足
繞佛三帀却住一面尒時彼佛為王說法示
教利喜王大歡悅尒時妙莊嚴王及其夫
人解頸真珠瓔珞價直百千以散佛上於
虛空中化成四柱寶臺臺中有大寶床敷百千
万天衣其上有佛結跏趺坐放大光明尒時妙
莊嚴王作是念佛身希有端嚴殊特成就第
一微妙之色時雲雷音宿王華智佛告四眾言
汝等見是妙莊嚴王於我前合掌立不此王於
我法中作比丘精勤脩習助佛道法當得作佛号
娑羅樹王國名大光劫名大高王其娑羅樹王佛
有无量菩薩眾及无量聲聞其國平正功德如是其
王即時以國付弟與夫人二子并諸眷屬於佛法中
出家脩道[illegible]

昧即昇虛空高七多羅樹而白佛言世尊此
我二子已作佛事以神通變化轉我邪心令得
安住於佛法中得見世尊此二子者是我善
知識為欲發起宿世善根饒益我故來生我
家爾時雲雷音宿王華智佛告妙莊嚴王言
如是如是如汝所言善男子善女人種諸
善根故世世得善知識其善知識能作佛事
示教利喜令入阿耨多羅三藐三菩提大王
當知善知識者是大因緣所謂化導令得見
佛發阿耨多羅三藐三菩提心大王汝見此
二子不此二子已曾供養六十五百千万億
那由他恒河沙諸佛親近恭敬於諸佛所受
持法華經愍念邪見眾生令住正見妙莊嚴
王即從虛空中下而白佛言世尊如來甚希

持法華經愍念邪見衆生令住正見妙莊嚴
王即從虛空中下而白佛言世尊如來甚希
有以功德智慧故頂上肉髻光明顯照其眼
長廣而紺青色眉間豪相白如珂月齒白齊密
常有光明脣色赤好如頻婆果尒時妙莊嚴王
讚歎佛如是等无量百千万億功德已於如
來前一心合掌復白佛言世尊未曾有也
如來之法具足成就不可思議微妙功德教
戒所行安隱快善我從今日不復自隨心行
不生邪見憍慢瞋恚諸惡之心說是語已禮
佛而出佛告大衆於意云何妙莊嚴王豈
異人乎今華德菩薩是其淨德夫人今佛前
光照莊嚴相菩薩是哀愍妙莊嚴王及諸眷
屬故於彼中生其二子者今藥王菩薩藥上
菩薩是是藥王藥上菩薩成就如此諸大功
德已於无量百千万億諸佛

名字者一切世間諸天人民亦應礼拜佛說
是妙莊嚴王本事品時八万四千人遠塵離垢
於諸法中得法眼淨

妙法蓮華經普賢菩薩勸發品第二十八

尒時普賢菩薩以自在神通力威德名聞與
大菩薩无量无邊不可稱數從東方來所經
諸國普皆震動雨寶蓮華作无量百千万億
種種伎樂又與无數諸天龍夜叉乾闥婆阿
脩羅迦樓羅緊那羅摩睺羅伽人非人等大衆
圍繞各現威德神通之力到娑婆世界耆闍
崛山中頭面礼釋迦牟尼佛右繞七帀白佛言世
尊我於寶威德上王佛國遙聞此娑婆世界
說法華經與无量无邊百千万億諸菩薩衆
共來聽受唯願世尊當為說之若善男子

説法華經與无量无邊百千万億諸菩薩衆
共来聽受唯願世尊當爲説之若善男子
善女人於如来滅後云何能得是法華經佛
告普賢菩薩若善男子善女人成就四法於
如来滅後當得是法華經一者爲諸佛護念
二者植衆德本三者入正定聚四者發救一切
衆生之心善男子善女人如是成就四法於
如来滅後必得是經尒時普賢菩薩白佛
言世尊於後五百歳濁惡世中其有受持
是經典者我當守護除其衰患令得安隱使
无伺求得其便者若魔若魔子若魔女若魔
民若爲魔所著者若夜叉若羅刹若鳩槃
荼若毗舍闍若吉蔗若富單那若韋陁羅等
諸惱人者皆不得便是人若行若立讀誦此
經我尒時乘六牙白象王與大菩薩衆俱

法華經故是人若坐思惟此經尒時我復乘
白象王現其人前其人若於法華經有所忘失
一句一偈我當教之與共讀誦還令通利尒
時受持讀誦法華經者得見我身甚大歡喜
轉復精進以見我故即得三昧及陀羅尼名為
旋陀羅尼百千万億旋陀羅尼法音方便陀
羅尼得如是等陀羅尼世尊若後世後五百
歲濁惡世中比丘比丘尼優婆塞優婆夷求
索者受持者讀誦者書寫者欲脩習是法華
經於三七[illegible]一心精進滿三七日已我當
[illegible]薩而自圍繞以一切
[illegible]而為說法示教利

BD00093 大般涅槃經疏（擬）

BD00093v 大般涅槃經疏補記

477cm×27.5cm

眼不見實有真常非肉眼見
金剛身品　□答金剛不壞身明常住法身衆想永亡是[illegible]
生滅不遷物莫能毀真化湛然不可壞非身者非四大身也是身者
是真法身然可是應身諸經類會此一法相無[illegible]法相可[illegible]
除也以護法故得金剛身者昔[illegible]國[illegible]得堅固力以護法故者[illegible]
常存流被天下由法宣故万善俱生攝得此身不可壞壞也前得道[illegible]
嚴護法勸日夜持刀杖護法持比丘迦葉謂勿異獨善以為高節隨刀
杖行則傷害禁繫乃引三種比丘雖在閑居脩於戒定但能為人說世俗善
及无常善法不能弘廣大乘常住制天人不名護法二能宣常住九部經
典兼治破戒是名治[illegible]不淨是[illegible]名為破
法破人制諸比丘不畜不淨物者律中也　[illegible]制[illegible]者信常
住是為不淨為物現有資无可蓄[illegible]不淨不
為不淨當誘常住且據未以知本也其部經也[illegible]者[illegible]常經[illegible]不
聽說无常也覺得有得皆是凶依現為歡喜引往謹今勸今時[illegible]
有說法者愿當加護共持刀杖者行達於戒律為有師得為无師得者

无所犯若資須護所存家大乞亡所犯新為所也若利鍼者出家者

此患人故須護也聽為伴侶者開制无所者某不墮

日第一治戒者能護所護能名於戒諸長短以下廣明比丘護法具足

者四依人也衆有三種已下明護法之人能調惡衆清浄名律師者

大乘律也一字者為常也解經者所説常説常當法相之能解令此經

名善持也答就發竟初問竟　一名字功德品　此品答第二問初云何

於此經究竟到彼岸善持是經文字章句者大般涅槃名字句也能知

此經万善圓足得經理盡便能知經久竟功德到彼岸也但聞經名

不生四趣況盡受治持深得其旨知通達讀誦而不得到彼岸功德也

當何名經者名也正名云何奉持者云何識其經義而受持也名為

大涅槃者即答二問言大涅槃即是其名云云何答万善圓足德體名

旨而奉持也初中後皆表常理故稱善也常住旨並為涅槃之其文義下

上三語提為一文巧能通理為善文理豊故云具足梵行為因實藏甚深

下引諸喩廣明大義八河歸海万善同歸背千諸衆終得涅槃无常

身命教指令盡常住甚然故稱大也　一四相者答前開微密問榮

身命救諸令盡常住湛然故稱大也　四相者答前開微密問標
示涅槃有四相義即是廣宣微密義也以得涅槃即備此理菩薩修習
亦得言具解如比丘借事以明自正義也乎抱煩惱終不起諍具亦
自菩薩亦然欲宣常住樂信常理物起諍也有寧自宜同如水乘氣
无常苦卿觀涅槃常樂淨原名自正也以說法時有一女人者亦引前事
明正化也如來初說涅槃經時有此女人教示子始與易消長與難消
女人即辭如來正化先教弟子講无常苦後教常住是正化義引文在此
明菩薩正化亦應如之雅二處有文出經者隱前顯後為成正化義也
癡開生異想者始行癡開生異想也亦可以異果惡人造生處死處
告常解生異想也家有亦者以身為常住是亦非信常住得理居心故苦
有亦非信常理復家有亦應以此理之讀人也不捨財者明非隨問答有權
財施有於為下因財通无常法為中道常住法為上然此施食是此三
可知云何不捨於財而名大施我未知也答言不受非法施非法物可人不受
可以示然為循常住其德既顯衆情增仰莫若而行即是常宜教於天人
切由施主名不捨財也成大法施也如是非隨問答如此來亦如此菩薩亦然

聽食少人者為教誘開諭覺悟法令作菩薩行慈悲不聽食也所以
種者性種性為大慈教開從後四方便以去習謂舍習種性中亦習
種性得性種性若食少不慈无由得入聖故言斷慈種也不應同衆尼乾
見者明所受之物主愚有其輕重從重及輕餘儀漸次有斷不斷令□
人令物生怖畏理如此也下列像法比丘行非法者為明大施不彼此人亦
可為棄此人不能斷大備甞住也尒時後有以下述舉上請惡名雜
雜者恐為甞住備處避令大大施可被真以弟子也如是之義何故不
為慶王說者明因緣義也善達經律開令（門）寄以法樂妙之義者問雖何不持
說深理而初淺後深戒名為犯不犯者問戒律何不須制律名為禁
云何名律木叉皆為應須制戒若令墮惡名墮墨墮叉持應一時制
若律名法據制必須軌若木叉名處處解說聞必持戒應須制也如
未解三戒其問意名知足者解處處解脫隨四趣者名重長養地獄
為輕雜身口意者重彰於三業處得彼解脫名處處也久可舉來
明了律果一名處處解脫一名遮止不應起惡之以果也雖成其難而非
其難若為並制則不能持破一切戒若聞頓說不解生謗違開提者

BD00093　大般涅槃經疏（擬）

其難若為並斷則不能持破一切戒若聞頓說不解生謗受闡提者
破戒謗法俱成闡提盡善法相須漸斷也如來久知是事何不先斷
者何言若頓說經律衆成闡提故須漸說令明成闡提者可不如護
聞而能行應為說也若不示好惡人不知棄行惡得罪則總惡道故
言將无欲令墮諸惡也能說增上功得者明應為宣說也若言能說
十善與難而咎即表惡心平等豈令墮惡也涅言豈說闡提為非
行者應須說經律是不然得更无別人若聞頓制破戒謗謗其闡提
名為漸說能持不謗名善行者正是一人何得雜言也置其善惡非
其漸制使能除過循行善法見聖法身而止說者即名善解因緣義
也故須自正謂得涅槃者上來遂事竟說今總括四事唯一涅槃以涅槃自正
乃至得涅槃故解成涅槃了因緣也如來即涅槃具足四相菩薩難解名得言
具即應反質四名唯一豈義自正等四名一涅槃无差別也作如是言如
來无常者向明涅槃常住俱有四相執昔二種涅槃无復常住唯具
四也滅諸煩惱明有餘涅槃煩惱滅處更无有法以何為常離有者法
執无餘涅槃身盡无法亦无其常而言常住具復四也壞衣不名四物者

四相也滅煩惱者不名有為畢竟之物方名无為畢竟常住答初問也滅
盡諸相廿五有為身无遺有真法身鮮白常住常住身智是大涅槃
得其四相也以法常故諸ム常者向來廣明果盡故常此論會從ム性勝
理可以常也煩惱火滅如來亦滅不異於前然報未解故重問也身及煩二
俱滅盡則无所至則非是有誰為常也答意滅故常住不滅非常鐵者
名諸凡夫凡夫有身過緣起結是无常也如來相盡然竟不起唯有法
身湛然常住也鐵置火中赤色還生者向言凡夫有身過緣生結然
有身亦應起或因有身故如後然木木盡有灰灰應為木不可更然
煩惱滅已便有涅槃更不起或故常住也壞衣斬首喻皆名涅槃是有
鐵冷可令還熱如來不尓一滅常滅故清涼也雖无或熱有智惠火
能燒衆生煩惱也何由生難者猶明有身則有煩惱何以知然納妃
生子即有煩惱有煩惱故无常生滅為有四相答意現患則有壞有亦无
故得常住身四相也引燈喻者欲令如來還正其宗推於前喻燈滅爐存
諸煩惱油十地智明二俱滅盡法身常存煩惱亦滅不還生死是故
名ム為舡舍也唯有密語无密藏者領解无煩惱義前明語有覆藏

名〻為般舍也唯有密諦无密藏者領觧无煩惱義前明語有覆祕
名之為密遠荅圓意〻旨无所秘故非密藏非覆藏故无煩惱也如
来述成无煩惱故贊无覆藏諸煩惱故常理具足恒欲示人豈有秘也猶
捨无常身若无覆藏煩惱何故隐常說无常也荅意為教半字非有隐也无
所積聚者不覆藏故亦无積聚亦是領〻解而問積聚名財物者
明不積聚煩惱非法万善圓足真大積聚〻者為積聚是毅闍僧
者雅具二種无漏進趣向〻名有為也毅闍常〻〻積聚非法万盡去无
所去至況无為僧而有積聚覆藏煩惱无煩惱故有〻積常住倫四
相也其性廣博者此明涅槃衆善普万惡永消餘除物患故常住也
也下别明脱乎有相〻盡常住之可上列生羅睺羅引有煩惱問來廣
明无彼煩惱託於此也前亦應有伏難果患不盡應〻是无常今荅
大涅槃中廿五有創瘡等身永盡无餘是故常住也是色非色擇
明脱乎百相光問其辭了〻可見不可見耶或是色明可見或非是色明
不可見〻指了〻見佛解〻脱名色二乘猪昧不能了〻見於解脱名為非色
言即是者是所緣也說為非色者毅聞不見說非色也亦色非色者結

知其行住唯厶境界非下所知解脫亦尒下人不知說為非色即問非是
形云何而住非想四陰厶見了々為色下人不見為非色亦說非青黃色若
問非想无色云何得住无色是厶覺界解脫亦然也名不空々者善有
常住為不空万相俱泯為空々空者名反轉解脫者所計獲无所計盡上
因果得果无果可得因果俱處故言空々離字常樂者絕下累相无
其爭者故言空也然諸有今亦以下會解脫為三歸令人依止遣生死
怖畏終得安樂也亦可上來論於常住則身四相自此以下明涅槃云
河為四引三歸依轉一而三類四相也下問眾義三歸若一云何得有三殊
依也三歸不別四相亦然答意歸三離異知有別也有法名一義異名者
是轉々一義異一涅槃轉備有三義厶常法常者以常殺一若言无常轉
有累分常則是一轉雖是一而義有異故言三歸名一義異也名義俱異者
以義為轉厶名為覺即是覺義亦是覺轉法名不覺法是義非是覺
也皆以義為轉故名々義俱異三歸殊別四相亦然河者離言不應四當俱義
傳者以別諸一三義殊也說一為三體一義殊說三為一果義同轉三歸殊不
四相亦相捨來智者明義將圖還正其宗吐郡頭燃諸枯說盡涅槃常樂

四相亦相捨冬稆者明義將同還正其宗出斷煩惱諸相說真涅槃常樂
四相義備不生不滅是解脫者上明解脫妙絕衆相離於諸離過不即實
乃使時情絕乎擬仰今以擬真雖不即真而有少同欲令衆情欲有
在虛空无其生滅解脫亦然可以爲喻虛空能解脫妙有乎九殊絕
不可爲喻其猶二鳥同是有翼鹿妙天飛𦐂一與虛空亦如是也引
諸少喻譬皆名少同不全取也非喻爲是二種說若是可喻不應言
非喻不得言可故言云何二種說也更可喻又復云如人害一蓮非蓮者
非彼惡心得无間罪不可非蓮一身不壞不得言是法相理然亦可
定說虛空定說解脫亦復如是也不喻亦然也趣涅槃者无量功德
集中涅槃中故言趣也微妙經中有四種人者答第二問中第二句
先答下半偈實非羅漢了羅漢等明人雖有辨爲依義同故言等
也有四種人明而不同能護正法依義齊也住下性地以上爲初依謂
伏煩惱未得无漏見道故言具也須陀洹名爲逆流是初住盡三住
信忍菩薩斯陀名薄煩惱是四住盡六住順忍菩薩但來出三界爲
第二依阿那含不還三界是七住盡九住菩薩爲第三依阿羅漢名

[illegible]
非弟八人者能住前有漏法中皆差作七初住通山間得无漏以為
弟八初依在住前故非弟八人者有漏凡夫名聖菩薩雖用无漏並
學地故不名為山分十住為三國從初盡六名為惠國七住非有煩惱名
雜惠國八住盡十絕雇煩惱名為淨國弟二依是惠國菩薩於言宗謂
弟三弟二住爰能三界中麁或乍未名宮細或常在心中名舊阿枇含
出離三界宮焦但止不為處世前二依弟言无者雖現不趣初依於
而未遊不起弟二遊而未盡並有戒能之氣弟三麁或剎盡故言无
世諦句類令是人不還如上所說者上明不還廿五有名阿含色界離三界遍能
往返因緣化物得菩七住无生記也十住菩薩因地滿之所作已辦名羅漢也我今不疑
是四人也者引借弊事魔作佛像形記行者況不能作四種之果真偽難知不能信受
為依世世於我所說有窮不了尚不應受況餘人應善分別令知真偽
如彼偷菊者廣論昔日教彼世聲聞辟魔方法魔偽偷菊棄不識之
識譏為魔現作佛像為入人舍說弟五諦等以戒行入其家婢使者聲
聞得菊方之菩薩為婢使知无常理而觀无神諦不空名賢知世魔爾
波旬不應於稱戒亂正理若更為者神力伏汝令魔道不於郎是斷命

波旬不應詐稱惑亂正理若更為者神力伏汝令魔道不行即是斷魔
昔教聞聲能降於魔令然應爾也如么為瞿師說頌無常理觀知神通非一
理即能降魔更無所徹今此經中能識真常知即常為潔自能降
魔近大涅槃不徹四依若不別真必入魔網四依所不能化然不須也然一
渡如是者若識真為自能降魔堪為人依豈有所徹非不爾也而渡
不爾何以故然我為鄣聞說言降魔非為菩薩汝言若不識真為
魔所得何須四依此語非也鄣聞說無常如理而解知也說是謀自能降魔今日聞
常理深隱初聞似解後乃廣悉聞已必從為魔得便故四依教已降魔方能
信故故須四依也雖有天眼不識真常名為宍眼雖是宍眼能亂常理
乃么同見名為么眼自下明二人降魔一如來令在雙樹教聲聞降魔
勇健猛威譬是也如彼健人不從他習者明四依自能降魔不假他教而
鴆他藥者明四依所以能自降魔得常故也譬如有龍者是惡魔
也明依四未世來中降伏惡魔魔令從正道能使二乘習魔教者捨邪
從正信樂大乘能令堅固以是之義故須四依也當有衆生誹謗是經
者為明四依來末世中處惡流通顯其得也久近當謗是之經者問何
[illegible]法四十年後[illegible]

者前明四依菩薩所出之處宜通常道有得聞者深味其旨純
食粟稗名者善明四依不出之處不聞常法眛著小乘然言第一百
粆不聞粟稗名者然聞也說无常聞而不行為不聞也雖味大乘稻
粮善也有王者是習種性中菩薩未能深悟處也雖有若癡善者
然徹解常經也難得者經旨難得也貪惜積聚者恒在心也不敢
食敬者不能演散令人愛行也懼其有盡者懼難不通也雖食粟
稗者但宜无常經也異國王者四依菩薩聞而辯嘆者實生嗟
歎爭合可咲也車載稻粮送與者以知常之智運故常理天下同
行即是共食歡喜加歎本由四依也為利養故者習種性菩薩本專
利養但為利煩惚未能深復伏故言為也下句皆是不傳易解經者
純循无常不言傳易故以常解今彼无常故言易也在地說經能捉
无常地為金剛人能修行前金剛小菩薩聞常增道行歡見也部
後久近渡當還出出時不須四依餘八十年前四十年廣雨法雨不假四依後四
十年通其像法復須四依此明像法流通也正法滅時雖能聽受奉持者謂像
法中能聽受者是何人也宜說經者故是四依更有人也聽人二循何得行

法中能聽受者是何人也宣說經者故是四依更有人也聽人二備何得行
也善哉善哉因汝所問得彰〻四依廣大之德得能聽受者獲其專利故言
善〻哉〻即若前云何得廣大為衆作依止從配連盡四種來得八分深義雖
為人說〻不具足不勘為依所以列者一為形四依得大二明四來〻來流通
通被此五品即出聽人兼明行也十六分者能明昧〻挌六〻十非常理有分
也得八分以上明四依得大能具足說堪為依也若始發心者從四依所
聞法發心來〻來〻堪為依止勸來〻發者應發心也有惡比丘者明四
依稱化不被此人然可善惡相形以顯四依必能流通四依弟子受持之者是
久行也快哉者如來在世道得高勝巔設供養不在於我今无遮障
故言快也成就无量功得乃能信者向論惡者不信此明善者能信
廣宣說也自下廣〻彰〻善惡二人俱得果數所有聲弟子者菩薩聲
聞即是四依也譬如眾露者四依所化聞常消惡也頭傳數者聞常
消惡解同大行故言在數然可明下三依雖內得不及弟四能廣宣說功齊弟
四也或是弟子內凡夫或非弟子外凡夫心有退沒聞而不謗近善提也
汝應供養以下明四依處惡知終其功殊大勸聞經者啟請求法廣說供

當故對此門之諸相

大乘俗年雖多實是宿學然似破戒内無戢花雖現處俗名真出家學

大乘者應當盡受供養敬請當有一人出現於世者明四依來來為契

乘現處光慶不同惡也微非通是之故不舉處護法同不名破戒應供

養也敬辟者重彰上義國王者明四依在正法中宜常統衆也化周

德然為第三習種性中從四依聞法分為三品上品為儲君解第四依為稚

小不勘宜常繼軌四依為未任紹位外道邪說八術能多真解為旃陁

羅有二人一不識真術以邪為正二内謗公無常誹説邪常皆名旃陁

羅也世智辯聰為多財臣留門徒非一為多眷屬有見徒從為侍衛力

儲君不能光揚常住正教陵遲為靈窮說邪常化物非量單繼四依為蕃居

說彼邪常臣衆尚爾為治化來久習化之徒知其非真背彼邪說為上

教迷走據化主為自本習為他歸本常住投他國也是之中品人自立本義

雖有衣者是下品人然知邪見所說非真不能捨邪還自立義雖不立自見

心變邪為不啟見上品人雖復被難屈於言下不變邪法心玩真常為

不離本處知上教者知其背化還自立義也守羅諸道者違己邪徒從

辯難彼令屈不通處已化也七日唱令者更於後時宜告衆也縱捨之辭

BD00093　大般涅槃經疏（擬）

辯難波念屈不通處已化也七日唱令者更於後時宜告衆也既捨之辭
且見与同我所說常猶有不盡汝善誰能說彼勝理洗我心須當宗範
汝故言誰能灌我頂者常我既說有所不盡汝若能說歸功於汝即是羊
因相貫儲君之位未閑因邪通正者說邪常果求真解故无來者我是真解
之位何得說於邪法故言不應作也復作是言者重約令也汝若不能說彼深理
作我依師我當難汝義破之我弟子同所習行故言共食宿也若能說者歸功之
汝言不虛也世露是上性有衆生有上性故言呪術所致是衆為之不死猶性異不死果
名難我先已說所有幽隱汝復能說同味此理故言共分食也是大婆羅門四咊能健章
聖跡為子有日新之美為翻錄勅依止深伏禎極解常肢體為淨行智慧為有生之方便
為長歲之相善去邪常為呪術王所說常是之其真理所有不盡當為王說故言更能為者
依彼同已能釋幽滯徽音歸得故言處為灌頂師也小行之流未達其雅都並生贖也決定之
循常之人何應教彼說於邪法故言不應於世波此相由說邪匡衆為因
共治國久与同事故言多年我捨家法者理中之言無真常教世王所說
中不盡之處我能宜說故言王師也教王幽隱隱深義為微密呪術猶
不見親者四依雖同邪說有似真常令其習行心轉調利可以真常
寶

附理聞說信從故言善哉我實不知者不知更有真常理也若須說真
常隨師所說為須者持去也即承歸家者攝理在心也先為耶徒利根
者說俱味真理為請共食也聞說知真向師讚嘆故言快哉也獨與諸
垂者但教我弟子真常之理而不見與共同解也真理會耶為雜毒
為王說之名與服聞說須從為服已知真常是理已說為非即是謗法
涅槃生悔熱為藥發悶亂闡提是死耶說謗法近於闡提故言如死立本
儲君者四依為說生解轉涅槃堪為法師故還立也說真常之坐不應令
彼耶說昇也未曾聞見說耶常人堪為師也耶說之人不應治理法
故言先是處也勸彼儲君說真常理繼四依也復以解藥者重宜常
理令生涅槃能除謗罪故言惺悟難復生解未堪為師驗出因緣
為耶說為顯真常不失法也見其非已方知權道集嘆善哉也爾時並喜
薩者三品人善若見有人雖多犯戒者四依現因有犯為持毀禁應覓
所須恭給其人應當八種者四依人也先有罪發露則無菩薩本來無罪
常因發露也是故說偈者上來法喻二門明彼四依為大乘之因破戒內實
無犯其得稱高利勿處重勸觀供養其事以同舉偈結也本所受戒

无犯其得殊高利勿處重勸備供養其事以同舉偈結也本所愛哉
其在不者上嚴露之言由隱意謂同時有犯後還悔情而得清淨故歟
問百如本不失者雖後悔同不曾有失悔還更得也設有所犯可令悔能還得
得清淨本來无犯不須悔也有犯淋漏名犯治水不出名悔清淨菩薩
然亦同其不漏言不如者不如堤塘治已不漏本來清淨故有不同也若和光
有犯无清淨之得自有其度不能救人猶有清得能使犯者悔已還得故
言不失本義能宣真常運物為乘止扶邪說謗之名義不能光揚常住
通人名於乘緩雖同邪說借非通正於義似緩而不（非）緩也有四種人爲宜大乘
心无懈惰義不失也常水滌浴義體轉明不名緩也有四種人如菴羅菓
生熟難知者一大邪見內謗无常口說邪常是內生外熟二四依人內解
真常口同外道說彼邪常是內熟外生三五品人內信常住口亦說常是
內熟外熟生四小邪見人內不信常亦說无常是內生外生後二恐相每可知
前二相似云何可識所以問者上來明破四依逐現處慶為宜常住化邪
從正而行喻明理應供養諸嚴來聞而邪正相濫云何得識與供請法
因大涅槃易可知者以經驗說可知真為辟如田夫者此前明外凡夫以字聽故

涅槃真為八事汚染者謗云无常必言不淨據未知本但言不淨餘却者說
彼邪常与真相似实眼不别謂為清淨合名為淨田也若恵彰露者
合草㯔名異如彼稗穆結箭僧中亦尔結合若能遠離已下明四依真實
遠離邪同无涂重衆福田應當供養凡夫实眼不分别結永凡夫始不始不知
下箭皆明永凡夫不識真敗彼邪常斷正解命也而後有異前箭明說者不
識正理以邪常為真為人宣說後箭明說者實不信常邪說誑人故為二箭
其樹果多者邪見人多心謗常理說邪常一樹者四依人内解真常遠同邪
說二菓相似者同說於常難分别也熟時者說法時也有一女人者說法師也有
一女者永凡夫实眼人也皆悉捨取者俱菓受也四依雖同邪說有慎真常
正說人少為一分邪說者多為十分是女不識者正少邪多皆於邪受也詣市
賣者處衆宣說也小兒不識者凡夫实眼不識邪正買加羅菓者聽受
邪常食已命終者受行邪法斷正解命也有知人者前二品人也聞其所
說知非是真即問何處聞是常也女人即荅其處聞也即知彼處邪多正少
咲而捨去者事今可嗤不受畜者合加羅菓箭雖有丈合鎮頭箭而
菓与同事者同說邪常也有憂婆塞者二品人也并不供敬者以邪多正少不

藥与同事者同說耶常也有憂婆塞者二品人也并不供敬者以耶多正也不
直信受也應先問者分別耶正也為受畜不者如此耶常上可受行不亡聽
不者是以說不也得共布薩自恣不者得同大乘學不如来憐愍老聽
畜者從聞辟解言以說也或言座眼以聽畜者已解耶常言無以說
不聽者知非以說也是不聽者知聽耶說為非己解為是善惠越求
不同真常大乘義也解性亦殊不同飲水也解常既殊猶善亦異利養不
同也以天中天雜婆度〻之者以所說常更有古也不應受者不應從聞辟訴
解常也若有受者讖受耶常不同大乘僧事也同解耶常皆真解令磨
惠道也辟如城市者翁明此人實不信常耶說誑人城市者多嫁誑也有實
藥者說耶常人也好藥出雪山者真常出彼涅槃也多賣雜藥者
純說耶常也味甘相似者常名相濫也咸欲買者欲聞常也至說法之
所問有以法真常不也答有真常餘雜藥者為說耶常歎言是真買藥者
外凡夫实眼不識真為即受耶常自謂得真假名僧者二種耶見真實僧
者四依菩薩和合僧者五品人也等應供養也若凡夫实眼不別言等不應尊也
誰是持戒者五品人破戒小耶見人真僧是四依假僧大耶見人有天眼者前二品人能分別

依法故說依人依法者即大涅槃一切厶法是真法性依人即依此法故教依人
四人出世應當依者若解常住樂淨之法能依此人即得其法名如來者
同厶解也尚可依者明五品人猶尚可依況四依也義者名曰遍見了者上明
涅槃是真法性今論一涅槃法而有衆義四人能達一法衆義依人得義故
勸依也依智者即是如來解常之智明四依智亦能解常教人依之故言
如是真智所應依止名為菩薩真實智慧者真智能達皆來
衆經雜漫異致皆詮常住後次依義者前就一法以義明衆義今舉衆義以
明法質直是義即亦是法質直常義即是常法既明依法次列依
義義前已列但言不依語也既明前二次第列四更不異上也憐愍衆生
善知時宜者明昔日四依為於始行無眼者說今明四依為於大乘慧眼
說也知輕重者即是其法輕重之差名了義經所以為義能達名智即
四依也即是法性者結今四依即大涅槃備有四也四依能知此法欲令隨人取法
故依人有四魔說厶說真者答第二問中第四句云何知天魔為衆於留難
倡明說厶說其真為難知云何說令離四依　能辯真為四魔者亦
魔是一魔說經律為二魔弟子為三弟子所說為四也所言苦者不名

BD00093　大般涅槃經疏（擬）

然法中年少分少以還成前三句也見諸人能波羅者云說人無常名波
羅易也

八分為初依十二分為第二依十四分為第三依十六分為第四依也

為利養故者貪利養也　貿易餘經者改使他為己說無常也

亦云清勝為貪借積集也

放光為眼視說法為氣盡即子等皆怖者二乘人也聲聞者聞上乘
塞也卑身者放光照二乘也聞即從信竟竭惠命也以常解呪力故令
恩魔及二乘惡勸皆悉調善從也空為惠箭楯道長刃皆明離惠
常視人天者即是二魔也

BD00093v　大般涅槃經疏補記

若言聽者意在不議之無常樣未知本在

往前者七人者之可饒經中七人不議名字

此中四果之名本是大乘中名也

或有因緣之可喻說者，亦不因緣之可說，淨因緣

食已不吐者五欲為食將出三界外去義為吐而後回還者無三有
衆生是樺菩時之津也

一切繫縛即是業也一切因緣果報三界外因果也
云何得住去來進止者言齊諸人緣住知其去來也

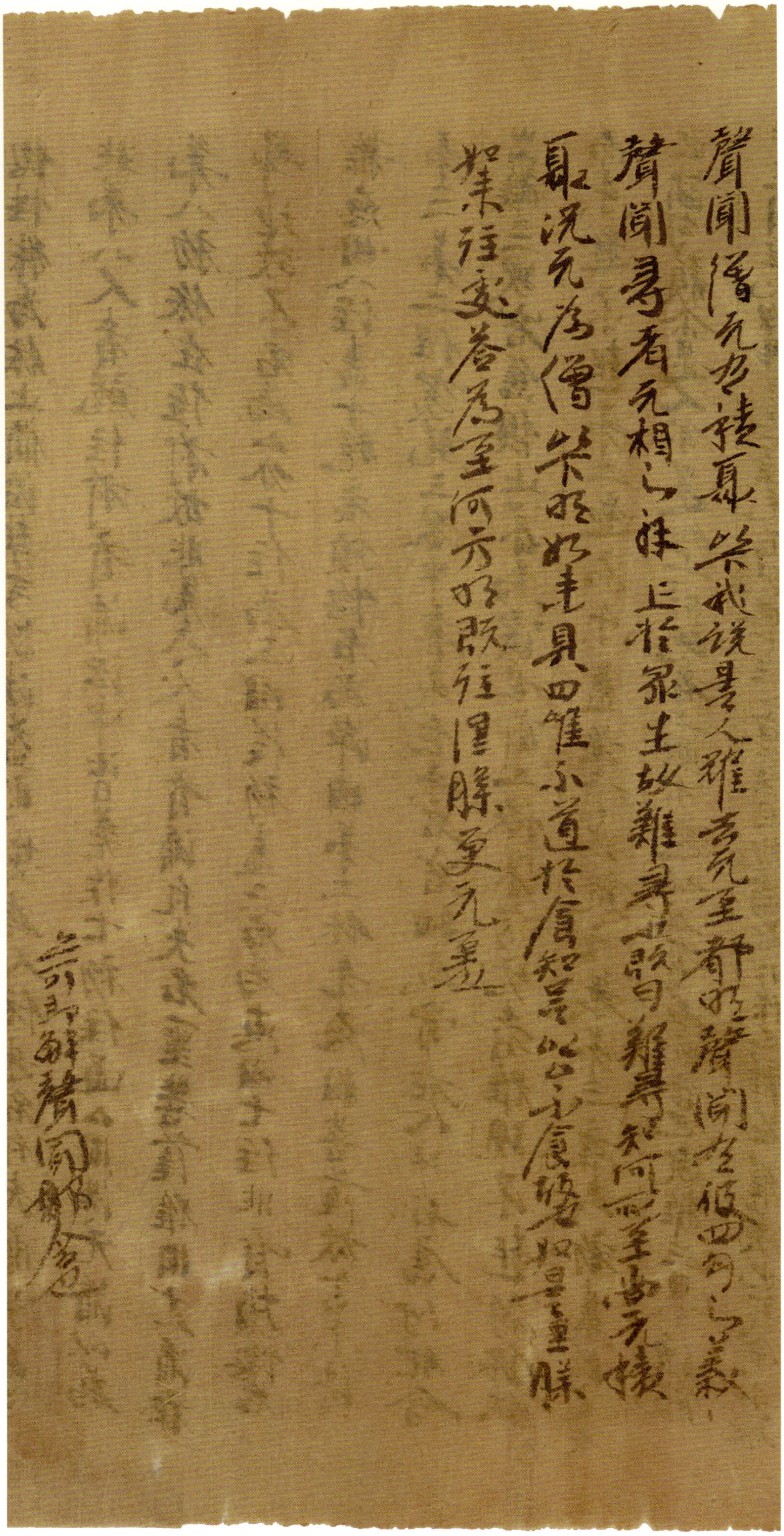
聲聞僧无去境界　然我說是人雖去无至都於聲聞者修四句之義
聲聞尋者无相之義　上於衆生故難尋也頌曰　難尋知何無實無壞
界況无為僧然於此身四雖不道於信知是以心信證知是重勝
如來注變答為至何方於歌往復勝更无盡

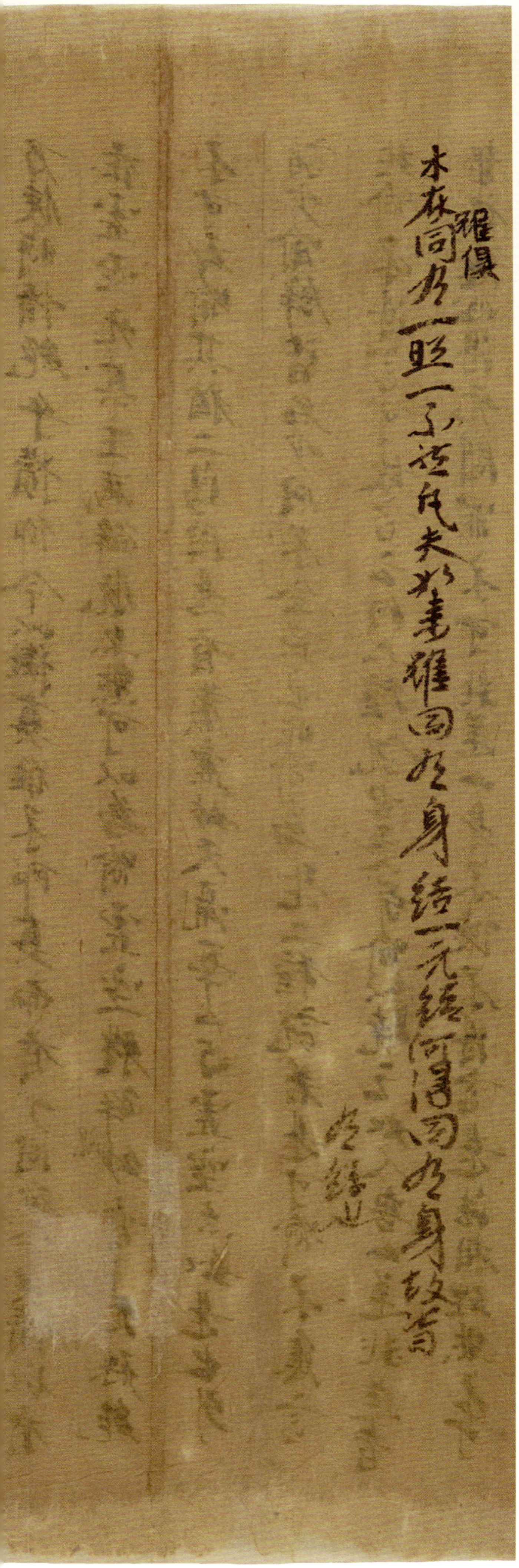
前即解聲聞師竟
水來同於一聚一不從凡夫於素雖同於身語一无語何得同於身故首
雖俱
於語也

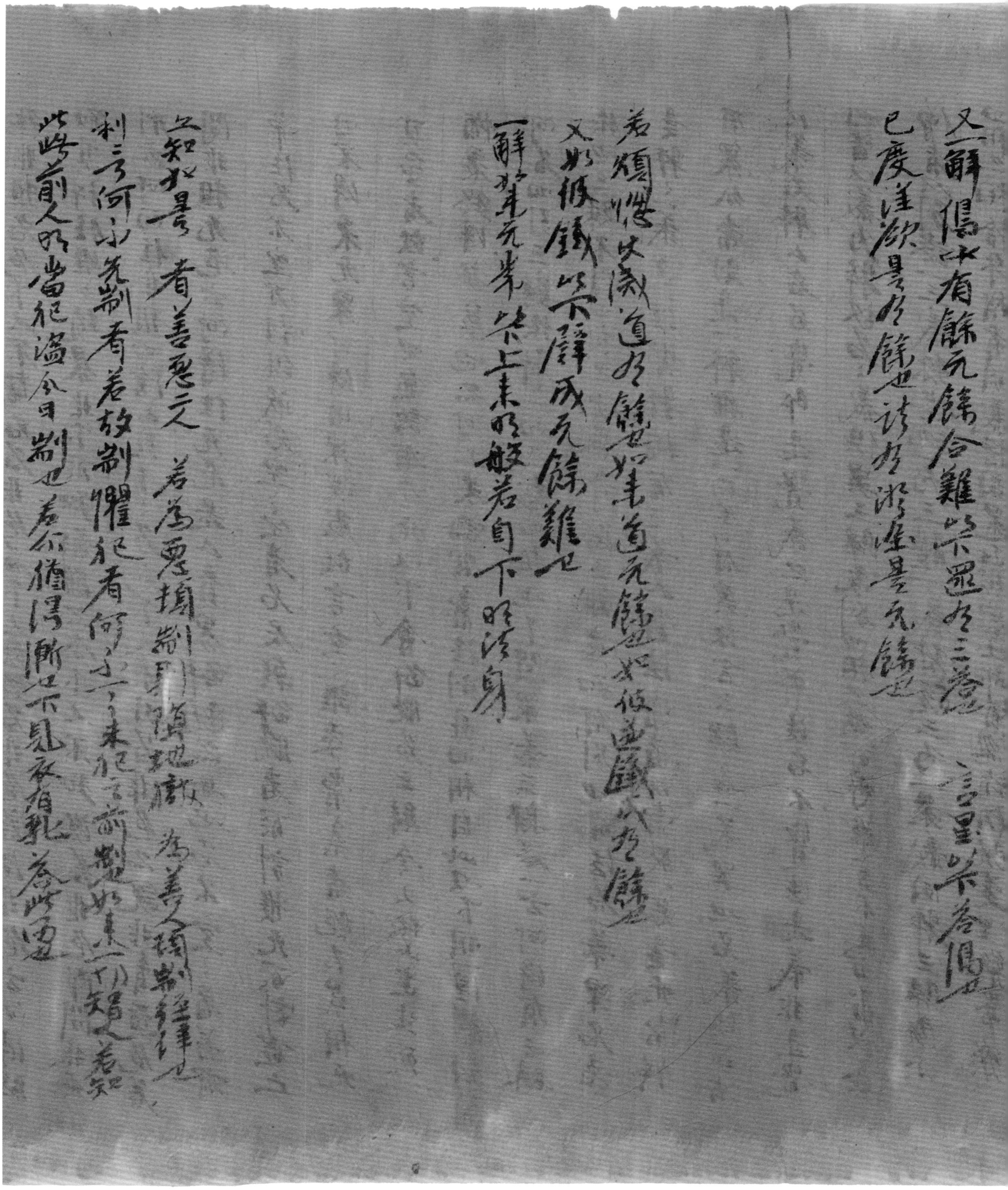

又一解偈中有餘無餘合難但不過於三卷也　言量但答偈也
已度淫欲是有餘也訖於淤泥是無餘也
若煩惱以識道於餘也如集道無餘也如彼遮藏以於餘也
又如彼鐵但不辭成無餘難也
一解如來無業　但上來明般若自下明法身
又知如是者善惡二人　若為惡損剔則墮地獄　為善人積常經律也
利二何以為剔者若故剔懼犯者何以下來犯前剔也如來過切智人若知
此路前人明當犯盜今日剔也　若令循得漸也不見衣有亂　為此盜也

破一切戒為上戒，不得預制誹謗正法為上經，不預談也
異意故勝三種者，昔時心鄙僻二乘故也。異相者，為護譏故斷十種，為猶
常故苟遊也。不見聞疑為三淨，隨事漸制者，將昭著斷九種淨者，見聞疑物猶前緣後為有
又大功德者，一不斷大慈，得入種性，是自行第二物。衆生既入種，是化之善
知我意者，宣常斷肉意，是如子肉相者，凡諸之食，常如子肉相淺嘗
食肉也
性種性為大慈，習種性為大慈種也。大慈由不不入種性斷慈悲

身之後是者欲明前聞常亦於未來世之身是……是道也
人正子也正他有二一說无常二說常住三說屬於未來世自在也

又解秘密者更廣明三品品初般若有餘无餘等明法身其性廣
大傳等百句明解次解涅槃次自正以解涅槃若從正他之解故
隨問若解因緣義故也故言更四也
又解涅槃是神其處自正一他以隨問若因緣義

BD00093v　大般涅槃經疏補記

猶如畫石者一畫已不可更合於集亦爾一覺已不退也

非字非覺非聲説等皆明言語道斷也

又云除一切相者上言有此直説便謂有此者可直説故言除此等當

説法相也

又云欲道過數量故除此一之句言二三之數也

唯見無常隨上常身破衰數盡隨上以隨之句也

次第隨上五句也　無知無影不因界中知影影句難名

又云樹影譬身影譬覺身因樹即知有影影如指　即知指真

有樹無影影者難言唯文六而無真也

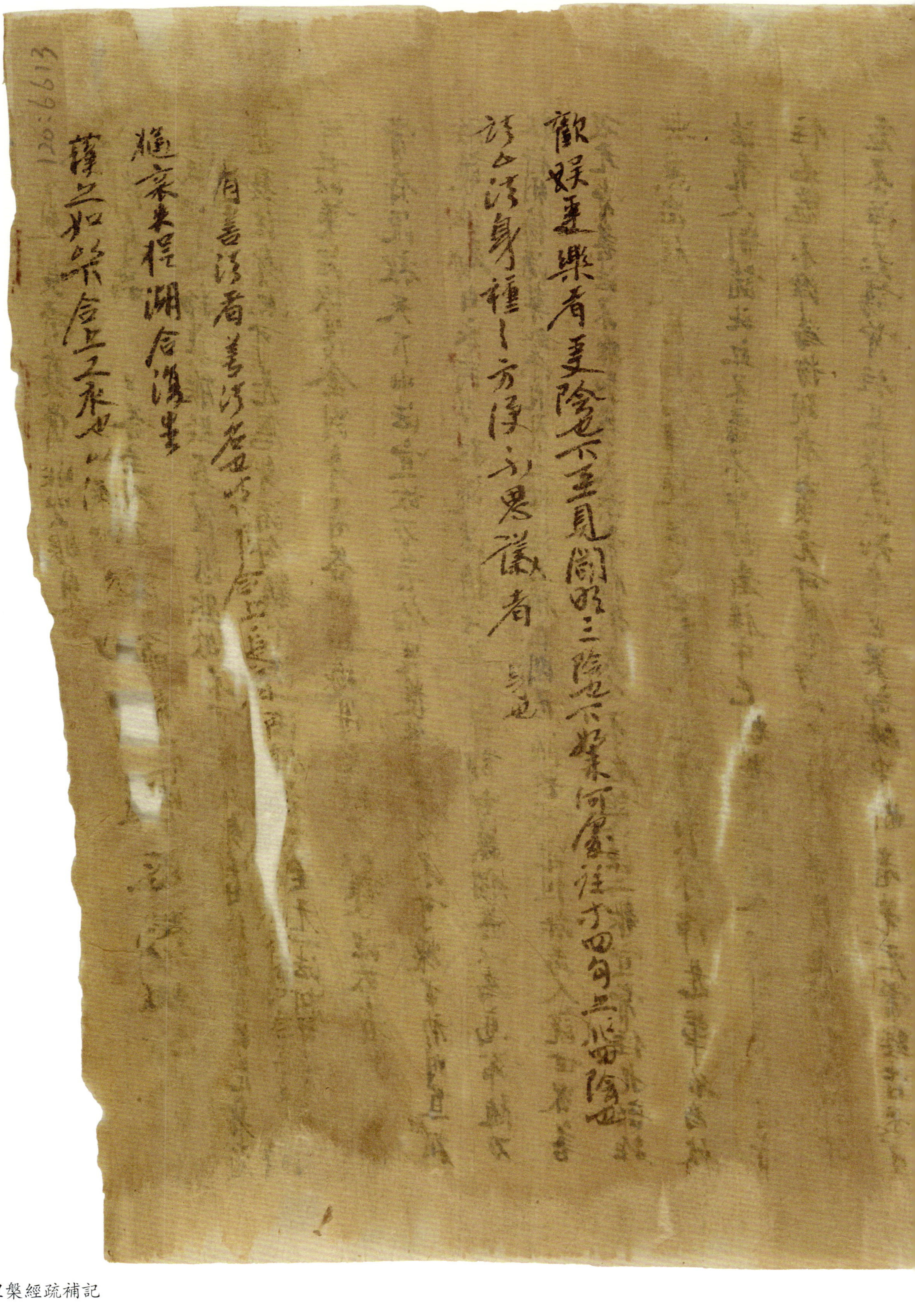

BD00093v　大般涅槃經疏補記

BD00094 大般若波羅蜜多經卷八七

（唐）玄奘 譯

276.6cm × 26cm

故學何以故以意界等無二分故憍尸迦若菩
薩摩訶薩不為地界增減故學無二分故不
為水火風空識界增減故學無二分故是菩
薩摩訶薩不為地界攝受壞滅故學不為水
火風空識界攝受壞滅故學何以故以地界等
無二分故憍尸迦若菩薩摩訶薩不為苦聖
諦增減故學無二分故不為集滅道聖諦增
減故學無二分故是菩薩摩訶薩不為苦聖
諦攝受壞滅故學不為集滅道聖諦攝受壞
滅故學何以故以苦聖諦等無二分故憍尸
迦若菩薩摩訶薩不為無明增減故學無二
分故不為行識名色六處觸受愛取有生老
死愁歎苦憂惱增減故學無二分故是菩薩
摩訶薩不為無明攝受壞滅故學不為行

故以無明等無二分故憍尸迦若菩薩摩訶
薩不爲內空增減故學無二分故不爲外空
內外空空空大空勝義空有爲空無爲空畢
竟空無際空散空無變異空本性空自相空
共相空一切法空不可得空無性空自性空
無性自性空增減故學無二分故是菩薩摩
訶薩不爲內空攝受壞滅故學不爲外空乃
至無性自性空攝受壞滅故學何以故以內
空等無二分故憍尸迦若菩薩摩訶薩不爲
真如增減故學無二分故不爲法界法性不
虛妄性不變異性平等性離生性法定法住
實際虛空界不思議界增減故學無二分故
是菩薩摩訶薩不爲真如攝受壞滅故學不
爲法界乃至不思議界攝受壞滅故學何以

是菩薩摩訶薩不為真如攝受壞滅故學不
為法界乃至不思議界攝受壞滅故學何以
故以真如等無二分故
憍尸迦若菩薩摩訶薩不為布施波羅蜜多
增減故學無二分故不為淨戒安忍精進靜
慮般若波羅蜜多增減故學無二分故是菩
薩摩訶薩不為布施波羅蜜多攝受壞滅
故學不為淨戒安忍精進靜慮般若波羅蜜
多攝受壞滅故學何以故以布施波羅蜜多
等無二分故憍尸迦若菩薩摩訶薩不為四
靜慮增減故學無二分故不為四無量四無
色定增減故學無二分故是菩薩摩訶薩不
為四靜慮攝受壞滅故學不為四無量四無
色定攝受壞滅故學何以故以四靜慮等無

二分故憍尸迦若菩薩摩訶薩不為八解脫
增減故學無二分故不為八勝處九次第定
十遍處增減故學無二分故是菩薩摩訶薩
不為八解脫攝受壞滅故學不為八勝處九
次第定十遍處攝受壞滅故學何以故以八
解脫等無二分故憍尸迦若菩薩摩訶薩不
為四念住增減故學無二分故不為四正斷四
神足五根五力七等覺支八聖道支增減故
學無二分故是菩薩摩訶薩不為四念住
攝受壞滅故學不為四正斷乃至八聖道支
攝受壞滅故學何以故以四念住等無二分
故憍尸迦若菩薩摩訶薩不為空解脫門增
減故學無二分故不為無相無願解脫門增
減故學無二分故是菩薩摩訶薩不為空解
脫門攝受壞滅故學不為無相無願解脫門

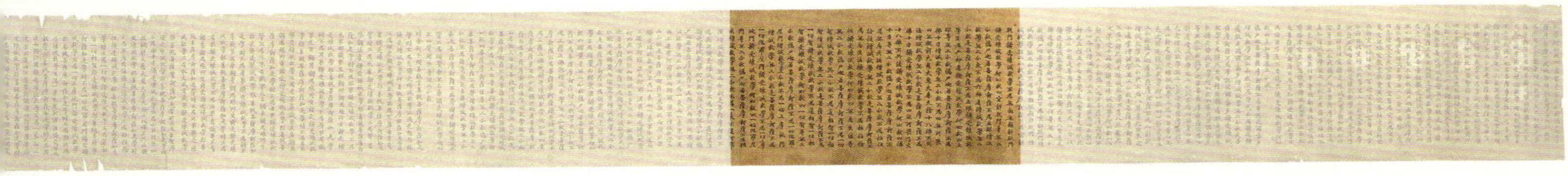

脫門攝受壞滅故學不爲無相無願解脫門
攝受壞滅故學何以故以空解脫門等無二
分故憍尸迦若菩薩摩訶薩不爲五眼增減
故學無二分故不爲六神通增減故學無二
分故是菩薩摩訶薩不爲五眼攝受壞滅故
學不爲六神通攝受壞滅故學何以故以五
眼等無二分故憍尸迦若菩薩摩訶薩不爲
佛十力增減故學無二分故不爲四無所畏
四無礙解大慈大悲大喜大捨十八佛不共
法增減故學無二分故是菩薩摩訶薩不爲
佛十力攝受壞滅故學不爲四無所畏乃至
十八佛不共法攝受壞滅故學何以故以佛
十力等無二分故憍尸迦若菩薩摩訶薩不

捨性增減故學無二分故是菩薩摩訶薩不
為無忘失法攝受壞滅故學不為恒住捨
性攝受壞滅故學何以故以無忘失法等
無二分故憍尸迦若菩薩摩訶薩不為一切
智增減故學無二分故不為道相智一切相
智增減故學無二分故是菩薩摩訶薩不為
一切智攝受壞滅故學不為道相智一切相
智攝受壞滅故學何以故以一切智等無二
分故憍尸迦若菩薩摩訶薩不為一切陁羅
尼門增減故學無二分故不為一切三摩地門
增減故學無二分故是菩薩摩訶薩不為
一切陁羅尼門攝受壞滅故學不為一切三摩
地門攝受壞滅故學何以故以一切陁羅尼
門等無二分故憍尸迦若菩薩摩訶薩不為預
流增減故學無二分故不為一來不還阿羅

BD00094　大般若波羅蜜多經卷八七

流增減故學無二分故不為一来不還阿羅
漢增減故學無二分故是菩薩摩訶薩不
為預流攝受壞滅故學不為一来不還阿羅漢
攝受壞滅故學何以故以預流等無二分故憍
尸迦若菩薩摩訶薩不為預流向預流果增
減故學無二分故不為一来向一来果不還
向不還果阿羅漢向阿羅漢果增減故學無
二分故是菩薩摩訶薩不為預流向預流果
攝受壞滅故學不為一来向一来果不還向
不還果阿羅漢向阿羅漢果攝受壞滅故學
何以故以預流向預流果等無二分故憍尸
迦若菩薩摩訶薩不為獨覺增減故學无二
分故不為獨覺向獨覺果增減故學無二分
故是菩薩摩訶薩不為獨覺攝受壞滅故

故以獨覺等無二分故憍尸迦若菩薩摩訶
薩不為菩薩摩訶薩增減故學無二分故不
為三藐三佛陀增減故學無二分故是菩薩
摩訶薩不為菩薩摩訶薩攝受壞滅故學不
為三藐三佛陀攝受壞滅故學何以故以菩
薩摩訶薩等無二分故憍尸迦若菩薩摩訶
薩不為菩薩摩訶薩法增減故學無二分故
不為無上正等菩提增減故學無二分故是
菩薩摩訶薩不為菩薩摩訶薩法攝受壞滅
故學不為無上正等菩提攝受壞滅故學何
以故以菩薩摩訶薩法等無二分故憍尸迦
若菩薩摩訶薩不為聲聞乘增減故學無二
分故不為獨覺乘無上乘增減故學無二分
故是菩薩摩訶薩不為聲聞乘攝受壞滅故

BD00094　大般若波羅蜜多經卷八七

故是善薩摩訶薩不為聲聞乘攝受壞滅故
學不為獨覺乘無上乘攝受壞滅故學何以
故以聲聞乘等無二分故
時舍利子問善現言善現菩薩摩訶薩如是
學時不為色攝受壞滅故學不為受想行識
攝受壞滅故學耶善現菩薩摩訶薩如是學時
不為眼處攝受壞滅故學不為耳鼻舌身意
處攝受壞滅故學耶善現菩薩摩訶薩如是
學時不為色處攝受壞滅故學不為聲香
味觸法處攝受壞滅故學耶善現菩薩摩訶
薩如是學時不為眼界攝受壞滅故學不為
色界眼識界及眼觸眼觸為緣所生諸受攝
受壞滅故學耶善現菩薩摩訶薩如是學
時不為耳界攝受壞滅故學不為聲界耳識

界不爲鼻觸鼻觸爲緣所生諸受攝受壞滅故
學邪善現菩薩摩訶薩如是學時不爲鼻界
攝受壞滅故學不爲香界鼻識界及鼻觸鼻
觸爲緣所生諸受攝受壞滅故學邪善現菩
薩摩訶薩如是學時不爲舌界攝受壞滅故
學不爲味界舌識界及舌觸舌觸爲緣所生
諸受攝受壞滅故學邪善現菩薩摩訶薩如
是學時不爲身界攝受壞滅故學不爲觸界
身識界及身觸身觸爲緣所生諸受攝受壞
滅故學邪善現菩薩摩訶薩如是學時不爲
意界攝受壞滅故學不爲法界意識界及意
觸意觸爲緣所生諸受攝受壞滅故學邪善
現菩薩摩訶薩如是學時不爲地界攝受壞
滅故學不爲水火風空識界攝受壞滅故學
邪善現菩薩摩訶薩如是學時不爲苦聖諦

邪善現菩薩摩訶薩如是學時不為苦聖諦
攝受壞滅故學邪善現菩薩摩訶薩如是學時
不為佛十力攝受壞滅故學不為四無所畏四
無礙解大慈大悲大喜大捨十八佛不共法攝
受壞滅故學邪善現菩薩摩訶薩如是學時
不為無忘失法攝受壞滅故學不為恒住捨
性攝受壞滅故學邪善現菩薩摩訶薩如是
學時不為一切智攝受壞滅故學不為道相
智一切相智攝受壞滅故學邪善現菩薩摩
訶薩如是學時不為一切陁羅尼門攝受壞
滅故學不為一切三摩地門攝受壞滅故學
邪善現菩薩摩訶薩如是學時不為預流攝
受壞滅故學不為一來不還阿羅漢攝受壞滅
故學邪善現菩薩摩訶薩如是學時不為預
流向預流果攝受壞滅故學不為一[illegible]

來果不還向不還果阿羅漢向阿羅漢果攝
受壞滅故學邪善現菩薩摩訶薩如是學時
不為獨覺攝受壞滅故學不為獨覺向獨覺
果攝受壞滅故學邪善現菩薩摩訶薩如是
學時不為菩薩摩訶薩攝受壞滅故學不為
三藐三佛陀攝受壞滅故學邪善現菩薩摩
訶薩如是學時不為菩薩摩訶薩法攝受壞
滅故學不為無上正等菩提攝受壞滅故學

BD000095 金剛般若波羅蜜經

（後秦）鳩摩羅什 譯

514.4cm × 25.5cm

菩薩[illegible]如是
菩薩不住相布施
於意云何東方虛
菩提南西北方四[illegible]虛空
世世尊須菩提菩[illegible]住相布施
如是不可思量須[illegible]菩薩但應
須菩提於意云何[illegible]身相見如來
世尊不可以身相[illegible]來何以故如
說身相即非身相[illegible]菩提凡所有相
是虛妄若見諸相非[illegible]見如來
須菩提白佛言世尊頗有衆生得聞如是言
說章句生實信不佛告須菩提莫作是說如
來滅後後五百歲有持戒脩福者於此章句

佛三四五佛而種善根已於无量千万佛所
種諸善根聞是章句乃至一念生淨信者須
菩提如來悉知悉見是諸衆生得如是无量
福德何以故是諸衆生无復我相人相衆生
相壽者相无法相亦无非法相何以故是諸
衆生若心取相則為著我人衆生壽者若取
法相即著我人衆生壽者何以故若取非法
相即著我人衆生壽者是故不應取法不應
取非法以是義故如來常說汝等比丘知我
說法如筏喻者法尚應捨何況非法
須菩提於意云何如來得阿耨多羅三藐三
菩提耶如來有所說法耶須菩提言如我解
佛所說義无有定法名阿耨多羅三藐三菩

BD00095　金剛般若波羅蜜經

佛所說義无有定法名阿耨多羅三藐三菩
提亦无有定法如來可說何以故如來所說
法皆不可取不可說非法非非法所以者何
一切賢聖皆以无為法而有差別
須菩提於意云何若人滿三千大千世界七
寶以用布施是人所得福德寧為多不須菩
提言甚多世尊何以故是福德即非福德性
是故如來說福德多若復有人於此經中受
持乃至四句偈等為他人說其福勝彼何以
故須菩提一切諸佛及諸佛阿耨多羅三
藐三菩提法皆從此經出須菩提所謂佛法
者即非佛法
須菩提於意云何須陀洹能作是念我得須

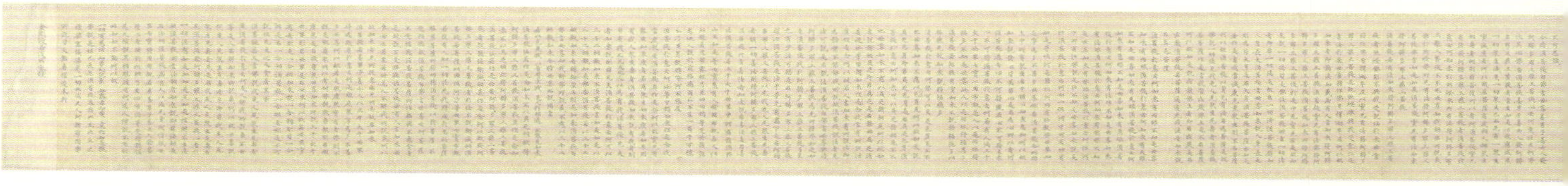

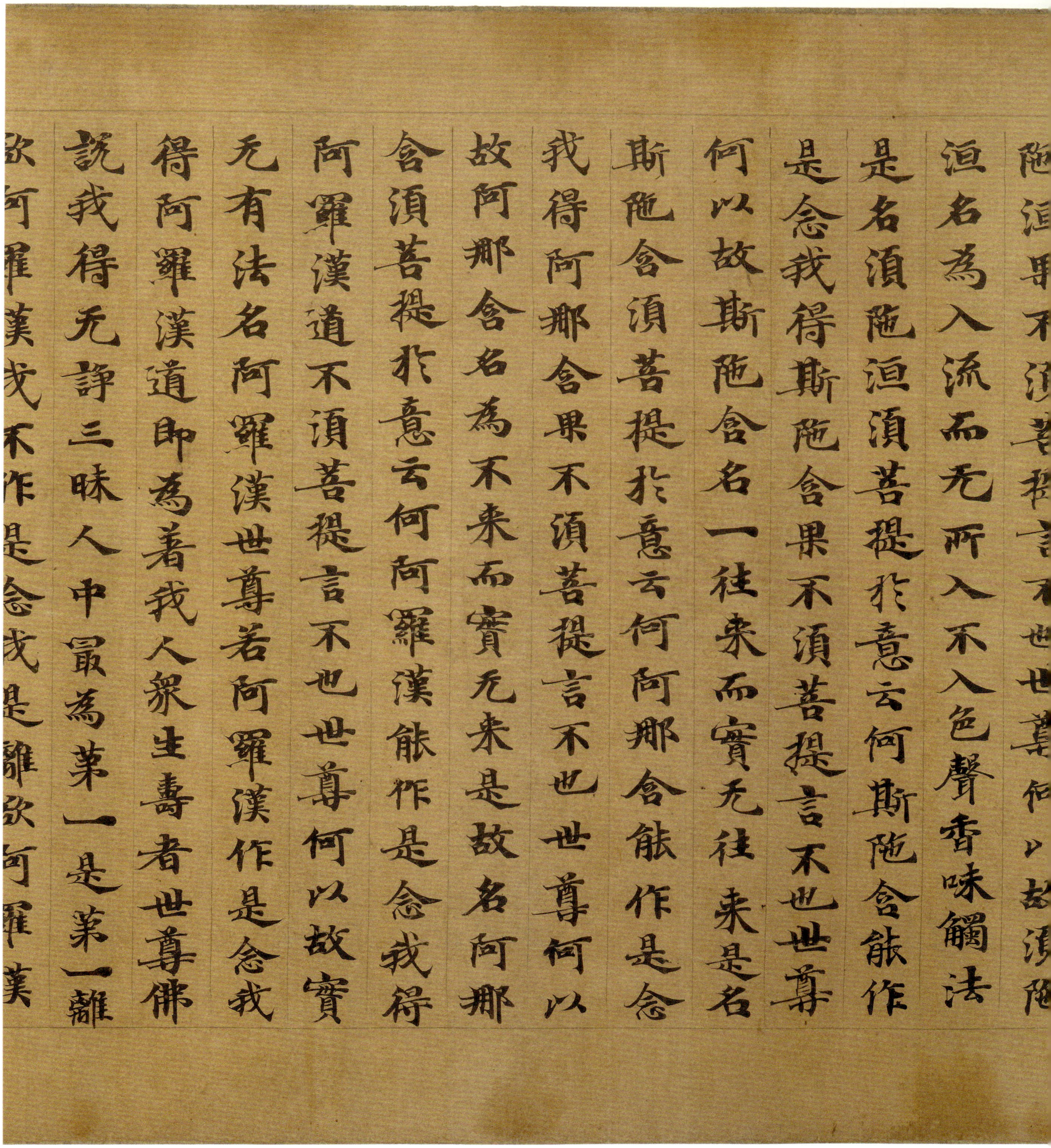

陁洹果不須菩提言不世世尊何以故須陁
洹名為入流而无所入不入色聲香味觸法
是名須陁洹須菩提於意云何斯陁含能作
是念我得斯陁含果不須菩提言不也世尊
何以故斯陁含名一往来而實无往来是名
斯陁含須菩提於意云何阿那含能作是念
我得阿那含果不須菩提言不也世尊何以
故阿那含名為不来而實无来是故名阿那
含須菩提於意云何阿羅漢能作是念我得
阿羅漢道不須菩提言不也世尊何以故實
无有法名阿羅漢世尊若阿羅漢作是念我
得阿羅漢道即為著我人衆生壽者世尊佛
說我得无諍三昧人中最為第一是第一離
欲阿羅漢我不作是念我是離欲阿羅漢

BD00095　金剛般若波羅蜜經

說我得无諍三昧人中最為第一是第一離
欲阿羅漢我不作是念我是離欲阿羅漢
世尊我若作是念我得阿羅漢道世尊則不說
須菩提是樂阿蘭那行者以須菩提實无所
行而名須菩提是樂阿蘭那行
佛告須菩提於意云何如来昔在然燈佛所
於法有所得不世尊如来在然燈佛所於法
實无所得須菩提於意云何菩薩莊嚴佛土
不不也世尊何以故莊嚴佛土者則非莊嚴
是名莊嚴是故須菩提諸菩薩摩訶薩應如
是生清淨心不應住色生心不應住聲香味
觸法生心應无所住而生其心須菩提譬如
有人身如須弥山王於意云何是身為大不
須菩提言甚大世尊何以故佛說非身是名

恒河於意云何是諸恒河沙寧為多不須菩
提言甚多世尊但諸恒河尚多无數何況其
沙須菩提我今實言告汝若有善男子善女
人以七寶滿尒所恒河沙數三千大千世界
以用布施得福多不須菩提言甚多世尊佛
告須菩提若善男子善女人於此經中乃至
受持四句偈等為他人說而此福德勝前福
德復次須菩提隨說是經乃至四句偈等當
知此處一切世間天人阿脩羅皆應供養如
佛塔廟何況有人盡能受持讀誦須菩提當
知是人成就最上第一希有之法若是經典
所在之處則為有佛若尊重弟子
尒時須菩提白佛言世尊當何名此經我等

BD00095　金剛般若波羅蜜經

尒時須菩提白佛言世尊當何名此經我等
云何奉持佛告須菩提是經名為金剛般若
波羅蜜以是名字汝當奉持所以者何須菩
提佛說般若波羅蜜則非般若波羅蜜須菩
提於意云何如來有所說法不須菩提白佛
言世尊如來无所說須菩提於意云何三千
大千世界所有微塵是為多不須菩提言甚
多世尊須菩提諸微塵如來說非微塵是名
微塵如來說世界非世界是名世界須菩提
於意云何可以三十二相見如來不不也世
尊不可以三十二相得見如來何以故如來
說三十二相即是非相是名三十二相須菩
提若有善男子善女人以恒河沙等身命布

施若復有人於此經中乃至受持四句偈等
為他人說其福甚多
尒時須菩提聞說是經深解義趣涕淚悲泣
而白佛言希有世尊佛說如是甚深經典我
從昔來所得慧眼未曾得聞如是之經世尊
若復有人得聞是經信心清淨則生實相當
知是人成就第一希有功德世尊是實相者
則是非相是故如來說名實相世尊我今得
聞如是經典信解受持不足為難若當來世
後五百歲其有衆生得聞是經信解受持是
人則為第一希有何以故此人无我相人相
衆生相壽者相所以者何我相即是非相人
相衆生相壽者相即是非相何以故離一切
諸相則名諸佛佛告須菩提如是如是若復

諸相則名諸佛佛告須菩提如是如是若復
有人得聞此經不驚不怖不畏當知是人甚
為希有何以故須菩提如来說苐一波羅蜜
非苐一波羅蜜是名苐一波羅蜜
須菩提忍辱波羅蜜如来說非忍辱波羅蜜
何以故須菩提如我昔為歌利王割截身體
我於尒時无我相无人相无衆生相无壽者
相何以故我於往昔節節支解時若有我相
人相衆生相壽者相應生瞋恨須菩提又念
過去於五百世作忍辱仙人於尒所世无我
相无人相无衆生相无壽者相是故須菩提
菩薩應離一切相發阿耨多羅三藐三菩提
心不應住色生心不應住聲香味觸法生心

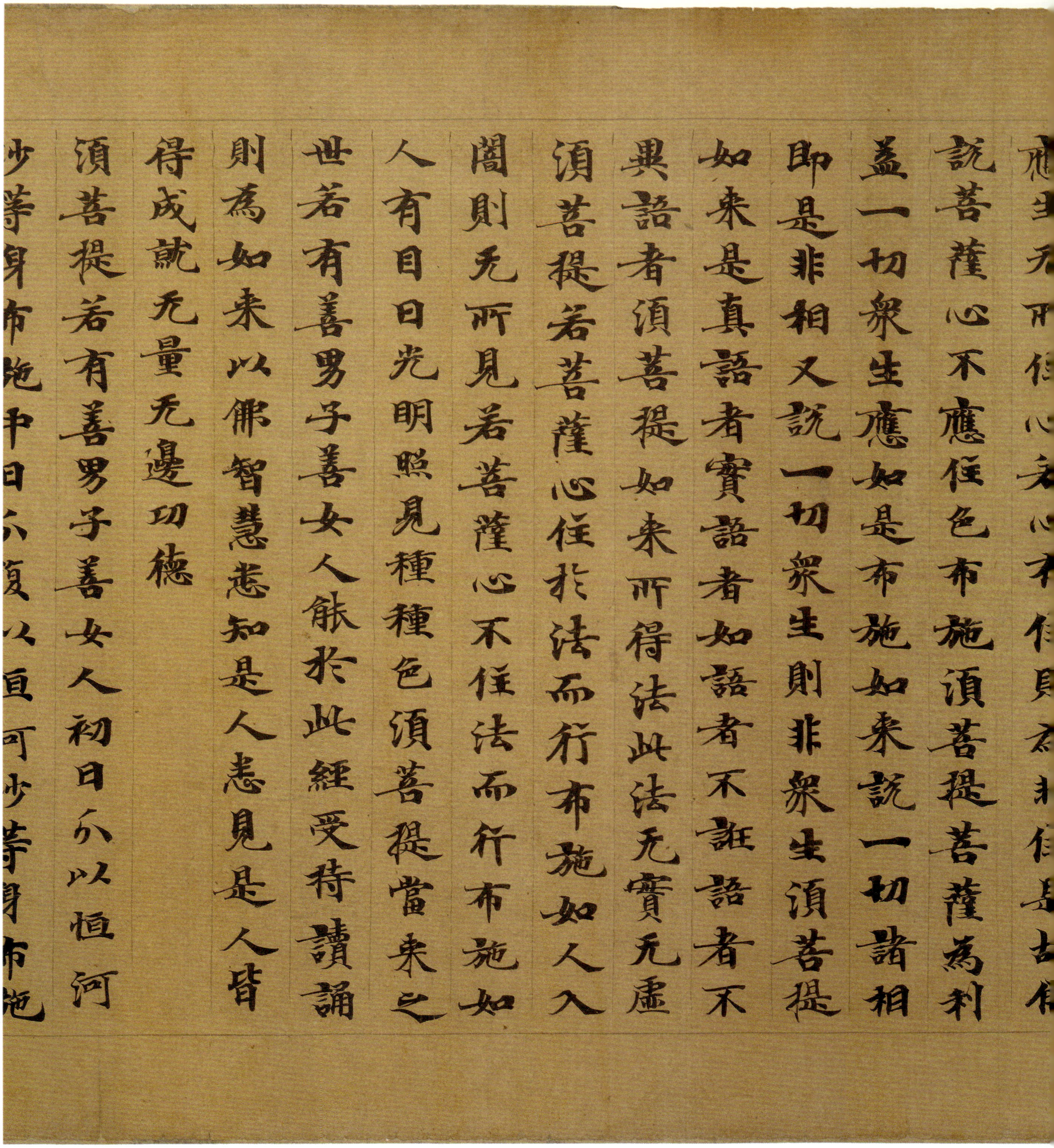

應生无所住心若心有住則為非住是故佛
說菩薩心不應住色布施須菩提菩薩為利
益一切衆生應如是布施如來說一切諸相
即是非相又說一切衆生則非衆生須菩提
如來是真語者實語者如語者不誑語者不
異語者須菩提如來所得法此法无實无虛
須菩提若菩薩心住於法而行布施如人入
闇則无所見若菩薩心不住法而行布施如
人有目日光明照見種種色須菩提當來之
世若有善男子善女人能於此經受持讀誦
則為如來以佛智慧悉知是人悉見是人皆
得成就无量无邊功德
須菩提若有善男子善女人初日分以恒河
沙等身布施中日分復以恒河沙等身布施

BD00095　金剛般若波羅蜜經

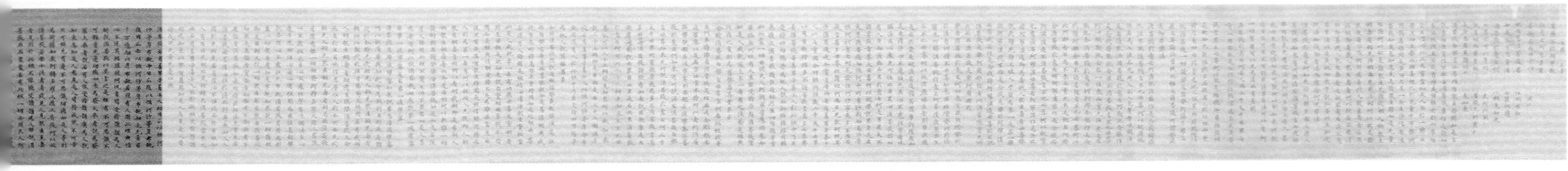

須菩提若有善男子善女人初日分以恒河
沙等身布施中日分復以恒河沙等身布施
後日分亦以恒河沙等身布施如是无量百
千万億劫以身布施若復有人聞此經典信
心不逆其福勝彼何況書寫受持讀誦為人
解說須菩提以要言之是經有不可思議不
可稱量无邊功德如來為發大乘者說為發
最上乘者說若有人能受持讀誦廣為人說
如來悉知是人悉見是人皆得成就不可量
不可稱无有邊不可思議功德如是人等則
為荷擔如來阿耨多羅三藐三菩提何以故
須菩提若樂小法者著我見人見衆生見壽
者見則於此經不能聽受讀誦為人解說須
菩提在在處處若有此經一切世間天人阿

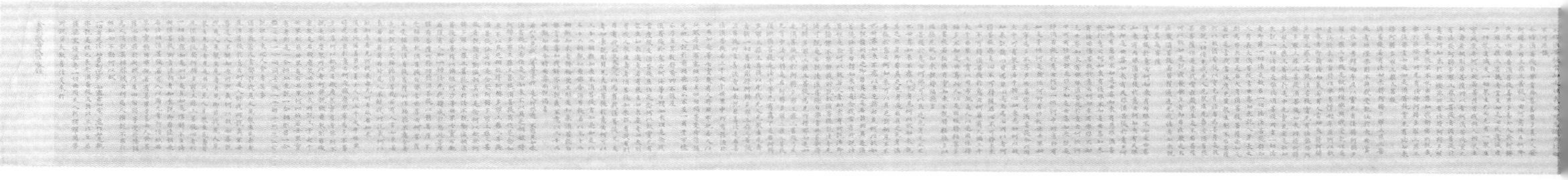

脩羅所應供養當知此處則為是塔皆應恭
敬作礼圍繞以諸華香而散其處
復次須菩提若善男子善女人受持讀誦此
經若為人輕賤是人先世罪業應墮惡道以
今世人輕賤故先世罪業則為消滅當得阿
耨多羅三藐三菩提須菩提我念過去无量
阿僧祇劫於然燈佛前得值八百四千万億
那由他諸佛悉皆供養承事无空過者若復
有人於後末世能受持讀誦此經所得功德
於我所供養諸佛功德百分不及一千万億
分乃至筭數譬喻所不能及須菩提若善男
子善女人於後末世有受持讀誦此經所得
功德我若具說者或有人聞心則狂亂狐疑

BD00095　金剛般若波羅蜜經

功德我若具説者或有人聞心則狂亂狐疑
不信須菩提當知是經義不可思議果報亦
不可思議
尒時須菩提白佛言世尊善男子善女人發
阿耨多羅三藐三菩提心云何應住云何降
伏其心佛告須菩提善男子善女人發阿耨
多羅三藐三菩提者當生如是心我應滅度
一切衆生滅度一切衆生已而无有一衆生
實滅度者何以故若菩薩有我相人相衆生
相壽者相則非菩薩所以者何須菩提實无
有法發阿耨多羅三藐三菩提者須菩提於
意云何如來於然燈佛所有法得阿耨多羅
三藐三菩提不不也世尊如我解佛所説義
佛於然燈佛所无有法得阿耨多羅三藐三

菩提佛言如是如是須菩提實无有法如来
得阿耨多羅三藐三菩提
須菩提若有法如来得阿耨多羅三藐三菩
提者然燈佛則不與我受記汝於来世當
得作佛号釋迦牟尼以實无有法得阿耨多
羅三藐三菩提是故然燈佛與我受記作是
言汝於来世當得作佛号釋迦牟尼何以故
如来者即諸法如義若有人言如来得阿耨
多羅三藐三菩提須菩提實无有法佛得阿
耨多羅三藐三菩提須菩提如来所得阿耨
多羅三藐三菩提於是中无實无虛是故如
来說一切法皆是佛法須菩提所言一切法
者即非一切法是故名一切法須菩提譬如

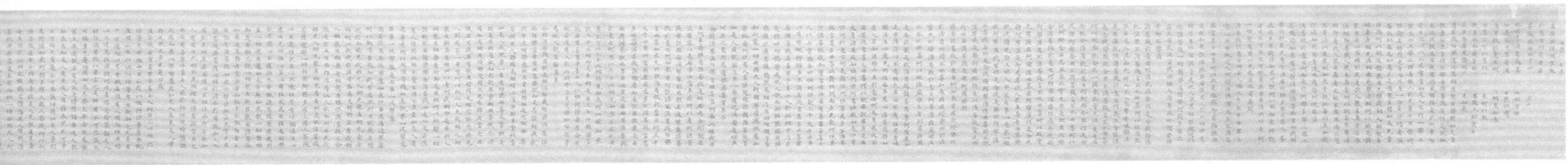

者即非一切法是故名一切法須菩提譬如
人身長大須菩提言世尊如來說人身長大
則為非大身是名大身須菩提菩薩亦如是
若作是言我當滅度无量衆生則不名菩薩
何以故須菩提以實无有法名為菩薩是故
佛說一切法无我无人无衆生无壽者須菩提
若菩薩作是言我當莊嚴佛土是不名菩薩
何以故如來說莊嚴佛土者即非莊嚴是名
莊嚴須菩提若菩薩通達无我法者如來說
名真是菩薩
須菩提於意云何如來有肉眼不如是世尊
如來有肉眼須菩提於意云何如來有天眼
不如是世尊如來有天眼須菩提於意云何
如來有慧眼不如是世尊如來有慧眼須菩

有法眼須菩提於意云何如來有佛眼不如
是世尊如來有佛眼須菩提於意云何恒河
中所有沙佛說是沙不如是世尊如來說是
沙須菩提於意云何如一恒河中所有沙有
如是等恒河是諸恒河所有沙數佛世界如
是寧為多不甚多世尊佛告須菩提尒所國
土中所有衆生若干種心如來悉知何以故
如來說諸心皆為非心是名為心所以者何
須菩提過去心不可得現在心不可得未來
心不可得須菩提於意云何若有人滿三千
大千世界七寶以用布施是人以是因緣得
福多不如是世尊此人以是因緣得福甚多

福多不如是世尊此人以是因緣得福甚多
須菩提若福德有實如来不說得福德多以
福德无故如来說得福德多
須菩提於意云何佛可以具足色身見不不
也世尊如来不應以具足色身見何以故如来說
具足色身即非具足色身是名具足色身須
菩提於意云何如来可以具足諸相見不不
也世尊如来不應以具足諸相見何以故如
来說諸相具足即非具足是名諸相具足須
菩提汝等勿謂如来作是念我當有所說法
莫作是念何以故若人言如来有所說法即
為謗佛不能解我所說故須菩提說法者无
法可說是名說法須菩提白佛言世尊佛得
阿耨多羅三藐三菩提為无所得耶如是如

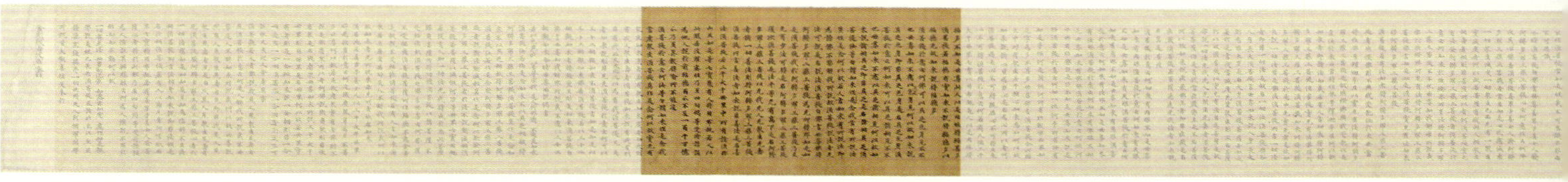

是須菩提我於阿耨多羅三藐三菩提乃至
无有少法可得是名阿耨多羅三藐三菩提
復次須菩提是法平等无有高下是名阿耨
多羅三藐三菩提以无我无人无衆生无壽
者脩一切善法則得阿耨多羅三藐三菩提
須菩提所言善法者如来說非善法是名善
法須菩提若三千大千世界中所有諸須弥
山王如是等七寶聚有人持用布施若人以
此般若波羅蜜經乃至四句偈等受持讀誦
為他人說於前福德百分不及一百千万億
分乃至筭數譬喻所不能及
須菩提於意云何汝等勿謂如来作是念我
當度衆生須菩提莫作是念何以故實无有

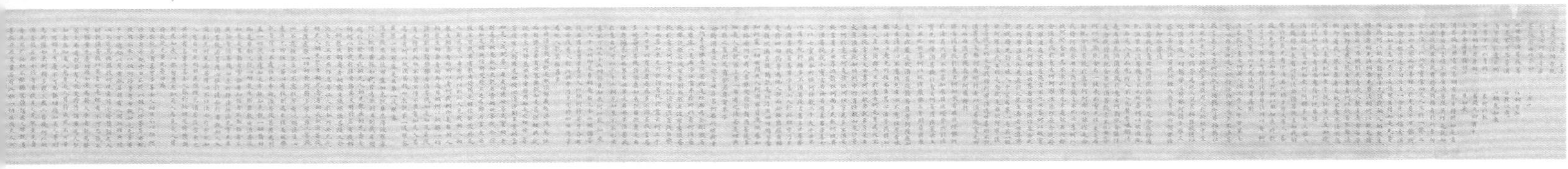

當度衆生須菩提莫作是念何以故實无有
衆生如来度者若有衆生如来度者如来則
有我人衆生壽者須菩提如来說有我者則
非有我而凡夫之人以為有我須菩提凡夫
者如来說則非凡夫須菩提於意云何可以
三十二相觀如来不須菩提言如是如是以
三十二相觀如来佛告須菩提若以三十二
相觀如来者轉輪聖王則是如来須菩提白
佛言世尊如我解佛所說義不應以三十二
相觀如来尒時世尊而說偈言
若以色見我　以音聲求我　是人行邪道　不能見如来
須菩提汝若作是念如来不以具足相故得
阿耨多羅三藐三菩提須菩提莫作是念如
来不以具足相故得阿耨多羅三藐三菩提

須菩提汝若作是念發阿耨多羅三藐三菩
提者說諸法斷滅相莫作是念何以故發阿
耨多羅三藐三菩提者於法不說斷滅相須
菩提若菩薩以滿恒河沙等世界七寶布施
若復有人知一切法无我得成於忍此菩薩
勝前菩薩所得功德須菩提以諸菩薩不
受福德故須菩提白佛言世尊云何菩薩
不受福德須菩提菩薩所作福德不應貪著
是故說不受福德須菩提若有人言如來若
來若去若坐若卧是人不解我所說義何以
故如來者无所從來亦无所去故名如來
須菩提若善男子善女人以三千大千世界
碎為微塵於意云何是微塵衆寧為多不甚

BD00095　金剛般若波羅蜜經

須菩提若善男子善女人以三千大千世界
碎為微塵於意云何是微塵衆寧為多不甚
多世尊何以故若是微塵衆實有者佛則不
說是微塵衆所以者何佛說微塵衆則非微
塵衆是名微塵衆世尊如来所說三千大千
世界則非世界是名世界何以故若世界實
有者則是一合相如来說一合相則非一合
相是名一合相須菩提一合相者則是不可
說但凡夫之人貪著其事
須菩提若人言佛說我見人見衆生見壽者
見須菩提於意云何是人解我所說義不世
尊是人不解如来所說義何以故世尊說
我見人見衆生見壽者見即非我見人見
衆生見壽者見是名我見人見衆生見壽者

見須菩提發阿耨多羅三藐三菩提心者於
一切法應如是知如是見如是信解不生法
相須菩提所言法相者如來說即非法相是
名法相須菩提若有人以滿无量阿僧祇世
界七寶持用布施若有善男子善女人發菩
薩心者持於此經乃至四句偈等受持讀誦
為人演說其福勝彼云何為人演說不取於
相如如不動何以故
一切有為法　如夢幻泡影　如露亦如電　應作如是觀
佛說是經已長老須菩提及諸比丘比丘尼
優婆塞優婆夷一切世間天人阿脩羅聞佛
所說皆大歡喜信受奉行

金剛般若波羅蜜經

BD00095　金剛般若波羅蜜經

所説皆大歡喜信受奉行

金剛般若波羅蜜經

BD00096 無量壽宗要經（甲本）

BD00096v 雜寫

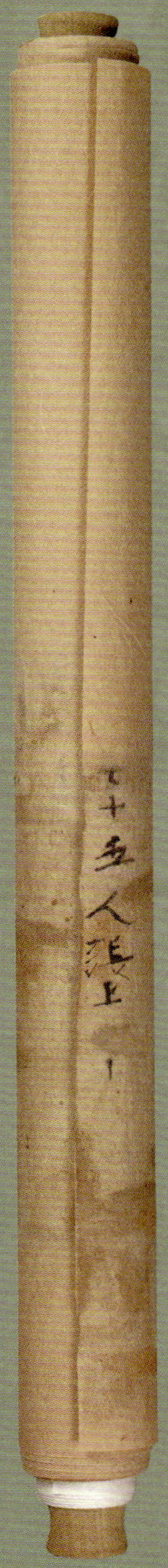

170.5cm × 31.5cm

國與大苾芻僧千二百五十人大菩薩摩訶薩衆
曼殊上方有世界名无量功德聚彼土
三藐三菩提現為衆生開示說法曼殊室
枉橫死者衆曼殊如是无量壽如來功德名
人書能為經卷受持讀誦若於舍宅所住之
命盡復得延年滿足百歲如是曼殊
益其長壽若有衆生大命將盡憶念
男善女人欲求長命於是无量壽如來一百
如是等果報福德具足陀羅尼曰
多硯娜須毗你悉指陁囉佐耶怛他羯他耶怛姪他薩婆桑悉迦囉
訶其特迦底薩婆婆毗輸底摩訶娜耶波唎婆囉莎訶
世尊復告曼殊室利是如來一百八名號若有自書或使人書為經受持讀誦如壽命盡復滿
百年壽命於此身後得生无量福智世界无量壽淨土[illegible]

百年壽終此身後得往生无量福智世界无量壽淨土陀羅尼曰
南謨薄伽勃底 阿波唎蜜多 阿喻紇硯娜 須毗你志指陀 羅佐耶 怛他羯他耶 怛姪他 唵 薩婆桑悉迦羅
波唎輸底 達磨底 伽迦娜 莎訶某特迦底 薩婆婆毗輸底 摩訶娜耶 波唎婆唎莎訶
尒時有九十九殑伽佛等一時同聲說是无量壽宗要經陀羅尼曰
南謨薄伽勃底 阿波唎蜜多 阿喻紇硯娜 須毗你志指陀 羅佐耶 怛他羯他耶 怛姪他 唵 薩婆桑悉迦
波唎輸底 達磨底 伽迦娜 莎訶某特迦底 薩婆婆毗輸底 摩訶娜耶 波唎婆唎莎訶
尒時復有一百四殑伽佛一時同聲說是无量壽宗要經陀羅尼曰
南謨薄伽勃底 阿波唎蜜多 阿喻紇硯娜 須毗你志指陀 羅佐耶 怛他羯他耶 怛姪他 唵 薩婆桑悉迦羅
波唎輸底 達磨底 伽迦娜 莎訶某特迦底 薩婆婆毗輸底 摩訶娜耶 波唎婆唎莎訶
尒時復有七殑伽佛一時同聲說是无量壽宗要經陀羅尼曰
南謨薄伽勃底 阿波唎蜜多 阿喻紇硯娜 須毗你志指陀 羅佐耶 怛他羯他耶 怛姪他 唵 薩婆桑悉迦羅
波唎輸底 達磨底 伽迦娜 莎訶某特迦底 薩婆婆毗輸底 摩訶娜耶 波唎婆唎莎訶
尒時有六十五殑伽佛一時同聲說是无量壽宗要經陀羅尼曰
南謨薄伽勃底 阿波唎蜜多 阿喻紇硯娜 須毗你志指陀 羅佐耶 怛他羯他耶 怛姪他 唵 薩婆桑悉迦
羅 波唎輸底 達磨底 伽迦娜 莎訶某特迦底 薩婆婆毗輸底 摩訶娜耶 波唎婆唎莎訶
尒時復有五十五殑伽佛一時同聲說是无量壽宗要經陀羅尼曰

尒時復有五十五殑伽佛一時同聲說是无量壽宗要經陁羅尼曰

南謨薄伽勃底 阿波唎蜜多 阿俞紇硯娜 須毗你悉指陁 羅佐耶 怛他羯他耶 怛姪他唵 薩婆桑悉迦羅 薩婆婆毗輸底

波唎輸底 達磨底 伽伽娜 莎訶娜某特伽底 薩婆婆毗輸底 摩訶娜耶 波唎婆唎莎訶

尒時復四十五殑伽佛一時同聲說是无量壽宗要經陁羅尼曰

南謨薄伽勃底 阿波唎蜜多 阿俞紇硯娜 須毗你悉指陁 羅佐耶 怛他羯他耶 怛姪他 唵 薩婆桑悉迦羅

波唎輸底 達磨底 伽伽娜 莎訶娜耶某特伽底 薩婆婆毗輸底 摩訶娜耶 波唎婆唎莎訶

尒時三十六殑伽佛一時同聲說是无量壽宗要經陁羅尼曰

南謨薄伽勃底 阿波唎蜜多 阿俞紇硯娜 須毗你悉指陁 羅佐耶 怛他羯他耶 怛姪他 唵 薩婆桑悉迦羅

波唎輸底 達磨底 伽伽娜 莎訶娜某特伽底 薩婆婆毗輸底 摩訶娜耶 波唎婆唎莎訶

尒時有二十五殑伽佛一時同聲說是无量壽宗要經陁羅尼曰

南謨薄伽勃底 阿波唎蜜多 阿俞紇硯娜 須毗你悉指陁 羅佐耶 怛他羯他耶 怛姪他 唵 薩婆桑悉迦

羅 波唎輸底 達磨底 伽伽娜 莎訶娜某特伽底 薩婆婆毗輸底 摩訶娜耶 波唎婆唎莎訶

尒時復有恒河沙殑伽佛一時同聲說是无量壽宗要經陁羅尼曰

南謨薄伽勃底 阿波唎蜜多 阿俞紇硯 須毗你悉指陁 羅佐耶 怛他羯他耶 怛姪他 唵 薩婆桑悉迦羅

波唎輸底 達磨底 伽伽娜 莎訶娜某特伽底 薩婆婆毗輸底 摩訶娜耶 波唎婆唎莎訶

善男子 若有自書、或教人書寫是无量壽宗要經，如其命盡，復得長壽而滿百年陁羅尼曰

善男子若有自書寫教人書寫是无量壽宗要經如其命盡復得長壽而滿百年陀羅尼曰
南謨薄伽勃底阿波唎蜜多阿喻紇硯娜須毗你悉指陀囉佐耶怛他羯他耶怛姪他唵薩婆桑悉
迦羅波唎輸底達磨底伽伽娜莎訶娑㗚底薩婆婆毗輸底摩訶娜耶波唎婆㘑莎訶
若有自書寫教人書寫是无量壽宗要經讀誦受持畢竟不受墮地獄往在所生得宿命智陀
羅尼曰南謨薄伽勃底阿波唎蜜多阿喻紇硯娜須毗你悉指陀囉佐耶怛他羯他耶怛姪他唵薩婆桑
悉迦羅波唎輸底達磨底伽伽娜莎訶娑㗚底薩婆婆毗輸底摩訶娜耶波唎婆㘑莎訶
若有自書教人書寫是无量壽宗要經受持讀誦如同書寫八万四千一切經典陀羅尼曰
南謨薄伽勃底阿波唎蜜多阿喻紇硯娜須毗你悉指陀囉佐耶怛他羯他耶怛姪他唵薩婆桑悉迦
羅波唎輸底達磨底伽伽娜莎訶娑㗚底薩婆婆毗輸底摩訶娜耶波唎婆㘑莎訶
南謨薄伽勃底阿波唎蜜多阿喻紇硯娜須毗你悉指陀囉佐耶怛他羯他耶怛姪他唵薩婆桑悉迦
羅波唎輸底達磨底伽伽娜莎訶娑㗚底薩婆婆毗輸底摩訶娜耶波唎婆㘑莎訶
若有自書寫教人書寫是无量壽宗要經能消五无間等一切重罪陀羅尼曰
南謨薄伽勃底阿波唎蜜多阿喻紇硯娜須毗你悉指陀羅佐耶怛他羯他耶怛姪他唵薩婆桑悉迦羅
波唎輸底達磨底伽伽娜莎訶娑㗚底薩婆婆毗輸底摩訶娜耶波唎婆㘑莎訶
若有自書寫教人書寫是无量壽宗要經受持讀誦設有重罪猶如須彌盡能除滅陀羅尼曰
南謨薄伽勃底阿波唎蜜多阿喻紇硯娜須毗你悉指陀羅佐耶怛他羯他耶怛姪他唵薩婆桑悉迦

南謨薄伽勃底阿波唎蜜哆阿喻紇硯娜須毗你悉指陀囉佐耶怛他揭他耶怛侄他唵薩婆桑悉迦

波唎輸底達磨底伽迦娜莎訶其特迦底薩婆婆毗輸底摩訶娜耶波唎婆唎莎訶

若有自書寫教人書寫是無量壽宗要經受持讀誦者魔魔之眷屬夜叉羅剎不得其便終無

枉死陀羅尼曰　南謨薄伽勃底阿波唎蜜哆阿喻紇硯娜須毗你悉指陀囉佐耶怛他揭他耶怛侄

他唵薩婆桑悉迦波唎輸底達磨底伽迦娜莎訶其特迦底薩婆婆毗輸底摩訶娜耶

波唎婆唎莎訶　若有自書寫教人書寫是無量壽宗要經受持讀誦當命時有九十九俱胝佛現其

人前來千佛授手能遊一切佛莫於此經生於疑惑陀羅尼曰

南謨薄伽勃底阿波唎蜜哆阿喻紇硯娜須毗你悉指陀囉佐耶怛他揭他耶怛侄他唵薩婆桑悉迦囉

波唎輸底達磨底伽迦娜莎訶其特迦底薩婆婆毗輸底摩訶娜耶波唎婆唎莎訶

若有自書寫教人書寫是無量壽宗要經受持讀誦者得四天大王隨衛護陀羅尼曰

南謨薄伽勃底阿波唎蜜哆阿喻紇硯娜須毗你悉指陀囉佐耶怛他揭他耶怛侄他唵薩婆桑悉迦羅

波唎輸底達磨底伽迦娜莎訶其特迦底薩婆婆毗輸底摩訶娜耶波唎婆唎莎訶

若有自書教人書寫是無量壽宗要經受持讀誦當得往生西方極樂世界阿彌陀淨土陀羅尼曰

南謨薄伽勃底阿波唎蜜哆阿喻紇硯娜須毗你悉指陀囉佐耶怛他揭他耶怛侄他唵薩婆桑悉迦羅

波唎輸底達磨底伽迦娜莎訶其特迦底薩婆婆毗輸底摩訶娜耶波唎婆唎莎訶

若有方所自書寫使人書寫是無量壽經典之處則為是塔一切眾生敬作禮若是畜生或耳聞

若有方所自書寫使人書寫是无量壽經典之處則為是塔廟有恭敬作礼若是畜生或為鳥
獸得聞是經如是等類皆當不久得成一切種智陁羅尼曰
南謨薄伽勃底阿波唎蜜多阿喻紇硯娜須毗你悉指陁囉佐耶怛他羯他耶怛姪他唵薩婆桑悉迦
波唎輸底達磨底伽迦娜莎訶娑特迦底薩婆婆毗輸底摩訶娜耶波唎婆羅莎訶
若有於是无量壽經自書寫若使人書寫畢竟不受女人之身陁羅尼曰
南謨薄伽勃底阿波唎蜜多阿喻紇硯娜須毗你悉指陁囉佐耶怛他羯他耶怛姪他唵薩婆桑悉迦
囉波唎輸底達磨底伽迦娜莎訶娑特迦底薩婆婆毗輸底摩訶娜耶波唎婆毗嚟莎訶
若有能於是經少分能惠施者等於三千大世界滿中七寶布施陁羅尼曰
南謨薄伽勃底阿波唎蜜多阿喻紇硯娜須毗你悉指陁囉佐耶怛他羯他耶怛姪他唵薩婆桑悉迦囉
波唎輸底達磨底伽迦娜莎訶娑特迦底薩婆婆毗輸底摩訶娜耶波唎婆嚟莎訶
若有能供養是經者則是供養一切諸經等无有異陁羅尼曰
南謨薄伽勃底阿波唎蜜多阿喻紇硯娜須毗你悉指陁囉佐耶怛他羯他耶怛姪他唵薩婆桑悉迦囉
波唎輸底達磨底伽迦娜莎訶娑特迦底薩婆婆毗輸底摩訶娜耶波唎婆嚟莎訶
如是毗婆尸佛尸棄佛毗舍浮佛俱留孫佛俱那含牟尼佛迦葉佛釋迦牟尼佛
若有人以七寶供養如是七佛其福有限書寫受持是无量壽經典所有功德不可限量陁羅尼
南謨薄伽勃底阿波唎蜜多阿喻紇硯娜須毗你悉指陁囉佐耶怛他羯他耶怛姪他唵薩婆桑悉迦囉

南謨薄伽勃底阿波唎蜜哆阿喻紇硯娜須毗你悉指陀囉佐耶怛他羯他耶怛姪他奄薩婆桑悉迦囉
波唎輸底達磨底伽迦娜莎訶某特伽底薩婆婆毗輸底摩訶娜耶波唎婆莎訶
若有七寶等於須弥以用布施其福上能知其限量是无量壽經典其福不可知數陀羅尼
南謨薄伽勃底阿波唎蜜哆阿喻紇硯娜須毗你悉指陀囉佐耶怛他羯他耶怛姪他奄薩婆桑悉迦囉
波唎輸底達磨底伽迦娜莎訶某特伽底薩婆婆毗輸底摩訶娜耶波唎婆莎訶
如是四天海水可知滴數是无量壽宗要經典所生果報不可數量陀羅尼曰
南謨薄伽勃底阿波唎蜜哆阿喻紇硯娜須毗你悉指陀囉佐耶怛他羯他耶怛姪他奄薩婆桑
悉迦囉波唎輸底達磨底伽迦娜莎訶某特伽底薩婆婆毗輸底摩訶娜耶波唎婆莎訶
若有自書使人書寫是无量壽經典又能讓持供養即如恭敬供養一切十方佛土一如来无
有別異陀羅尼曰
南謨薄伽勃底阿波唎蜜哆阿喻紇硯娜須毗你悉指陀囉佐耶怛他羯他耶怛姪他奄薩婆桑悉迦
囉波唎輸底達磨底伽迦娜莎訶某特伽底薩婆婆毗輸底摩訶娜耶波唎婆莎訶
布施力能成正覺　悟布施力人師子　布施力能聲普聞　慈悲階漸最能入
持戒力能成正覺　悟持戒力人師子　持戒力能聲普聞　慈悲階漸最能入
忍辱力能成正覺　悟忍辱力人師子　忍辱力能聲普聞　慈悲階漸最能入
精進力能成正覺　悟精進力人師子　精進力能聲普聞　慈悲階漸最能入

精進力能成正覺　悟精進力人師子　精進力能聲善聞　慈悲階漸最能入
禪定力能成正覺　悟禪定力人師子　禪定力能聲善聞　慈悲階漸最能入
智慧力能成正覺　悟智慧力人師子　智慧力能聲善聞　慈悲階能最入
尒時如來說是經已一切世間天人阿脩羅揵闥婆等聞佛所說皆大歡喜信受
奉行

佛說无量壽宗要經

張瀛寫

BD00096v　雜寫

BD00097 妙法蓮華經卷七

（後秦）鳩摩羅什 譯

493.5cm×25cm

摩摩祢四百
履因難反 多瑋八 禮 反
帝目多履一 婆履十二 阿瑋婆履十
桒履十四 婆履十五 叉褱十六 阿叉褱十七 阿耆臓八
禮帝十九 賖履二十 陁羅尼二十一 阿盧伽婆婆 莽荼反
反 㩭蔗毗叉臓二十二 祢毗剃二十三 阿便哆 都餓反
邏祢履剃二十四 阿亶哆波鵌輸地二十五 途責反 逼究
鵌二十六 牟究鵌二十七 阿羅鵌二十八 波羅鵌二十九 首
迦差三十 初几反 阿三摩三履三十一 卌七 吉利 丈衣反 帝
三十二 達摩波利差 猜離反 帝三十三 僧伽涅瞿 沙祢三十
四 婆舍婆舍輸地三十五 寫哆邏三十六 寫哆邏 叉夜
多三十七 郵樓哆三十八 郵樓哆槁舍略三十九 惡叉邏四十 惡叉
冶多冶四十一 阿婆盧四十二 阿摩若 荏蔗反 那多夜四十三
世尊是也羅豆申兒六十二意亘可少等

佛所說若有侵毀此法師者則爲侵毀是諸
佛已時釋迦牟尼佛讚藥王菩薩言善哉善
哉藥王汝愍念擁護此法師故說是陁羅尼
於諸衆生多所饒益尒時勇施菩薩白佛言
世尊我亦爲擁護讀誦受持法華經者說陁
羅尼若此法師得是陁羅尼若夜叉若羅刹
若富單那若吉蔗若鳩槃荼若餓鬼等伺求
其短无能得便即於佛前而說呪曰
痤誓螺反隸一 摩訶痤隸二 郁枳三 目枳四 阿隸
五 阿羅婆第六 涅隸第七 涅隸多婆第八 伊
緻猪履反抳九 韋緻抳十 旨緻抳十一 涅隸墀抳
十二 涅犁墀婆底十三
世尊是陁羅尼神呪恒河沙等諸佛所說亦
皆隨喜若有侵毀此法師者則爲侵毀是諸

世尊是陁羅尼神呪恒河沙等諸佛所說亦
皆隨喜若有侵毀此法師者則為侵毀是諸
佛已尒時毗沙門天王護世者白佛言世尊
我亦為愍念衆生擁護此法師故說是陁羅
尼即說呪曰
阿梨一 那梨二 㝹那梨三 阿那盧四 那履五 拘那履六
世尊以是神呪擁護法師我亦自當擁護持
是經者令百由旬内无諸衰患尒時持國天
王在此會中與千万億那由他乾闥婆衆恭
敬圍繞前詣佛所合掌白佛言世尊我亦以
陁羅尼神呪擁護持法華經者即說呪曰
阿伽祢一 伽祢二 瞿利三 乾陁利四 栴陁利五
摩蹬耆六 常求利七 浮樓莎抳八 頞底九
世尊是陁羅尼神呪四十二億諸佛所說若
有侵毀此法師者則為侵毀是諸佛已

有羅刹女等一名藍婆二名毗藍婆三名曲齒
四名華齒五名黑齒六名多髮七名无猒足
八名持瓔珞九名皋帝十名奪一切衆生
精氣是十羅刹女與鬼子母并其子及眷屬
俱詣佛所同聲白佛言世尊我等亦欲擁護
讀誦受持法華經者除其衰患若有伺求法
師短者令不得便即於佛前而說呪曰
伊提履一伊提泯二伊提履三阿提履四伊
提履五泥履六泥履七泥履八泥履九泥履
十樓醯十一樓醯十二樓醯十三樓醯十四多醯十五多
醯十六多醯十七兜醯十八㝹醯十九
寧上我頭上莫惱於法師若夜叉若羅刹若
餓鬼若富單那若吉蔗若毗陀羅若揵馱若
烏摩勒伽若阿跋摩羅若夜叉吉蔗若人吉
蔗若熱病若一日若二日若三日若

BD00097　妙法蓮華經卷七

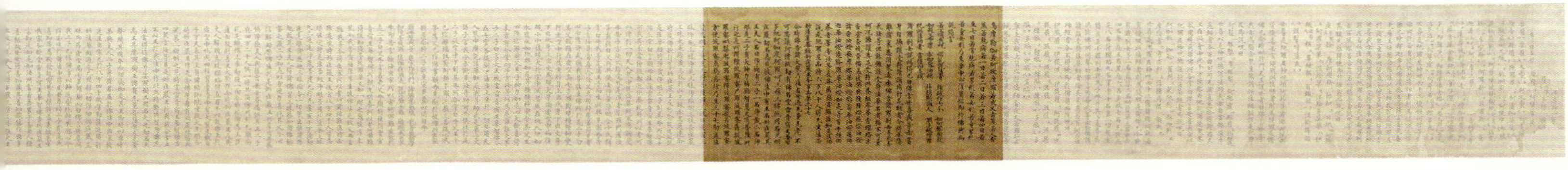

烏摩勒伽若阿跋摩羅若夜叉吉蔗若人吉
蔗若熱病若一日若二日若三日若四日若
至七日若常熱病若男形若女形若童男形
若童女形乃至夢中亦復莫惱即於佛前而
說偈言
若不順我呪　惱亂說法者　頭破作七分　如阿梨樹枝
如殺父母罪　亦如壓油殃　斗秤欺誑人　調達破僧罪
犯此法師者　當獲如是殃
諸羅刹女說此偈已白佛言世尊我等亦當
身自擁護受持讀誦脩行是經者令得安隱
離諸衰患消衆毒藥佛告諸羅刹女善哉善
哉汝等但能擁護受持法華名者福不可量
何況擁護具足受持供養經卷華香瓔珞末
香塗香燒香幡蓋伎樂然種種燈蘇燈油燈

諸香油燈蘇摩那華油燈瞻蔔華油燈婆師
迦華油燈優鉢羅華油燈如是等百千種供
養者睪帝汝等及眷屬應當擁護如是法師
說是陀羅尼品時六万八千人得无生法忍

妙法蓮華經妙莊嚴王本事品第二十七

尒時佛告諸大衆乃往古世過无量无邊不
可思議阿僧祇劫有佛名雲雷音宿王華智
多陀阿伽度阿羅呵三藐三佛陀國名光明
莊嚴劫名憙見彼佛法中有王名妙莊嚴其
王夫人名曰淨德有二子一名淨藏二名淨
眼是二子有大神力福德智慧久脩菩薩所
行之道所謂檀波羅蜜尸羅波羅蜜羼提波
羅蜜毗梨耶波羅蜜禪波羅蜜般若波羅蜜
方便波羅蜜慈悲喜捨乃至三十七助道法

BD00097　妙法蓮華經卷七

方便波羅蜜慈悲喜捨乃至三十七助道法
皆悉明了通達又得菩薩淨三昧日星宿三
昧淨光三昧淨色三昧淨照明三昧長莊嚴
三昧大威德藏三昧於此三昧亦悉通達尒
時彼佛欲引導妙莊嚴王及愍念衆生故說
是法華經時淨藏淨眼二子到其母所合十
指爪掌白言願母往詣雲雷音宿王華智佛
所我等亦當侍從親近供養礼拜所以者何
此佛於一切天人衆中說法華經宜應聽受
母告子言汝父信受外道深著婆羅門法汝
等應往白父與共俱去淨藏淨眼合十爪指
掌白母我等是法王子而生此耶見家母告
子言汝等當憂念汝父爲現神變若得見者
心必清淨或聽我等往至佛所於是二子念

其父故踊在虛空高七多羅樹現種種神變
於虛空中行住坐卧身上出水身下出火身
下出水身上出火或現大身滿虛空中而復
現小小復現大於空中滅忽然在地入地如
水履水如地現如是等種種神變令其父王
心淨信解時父見子神力如是心大歡喜得
未曾有合掌向子言汝等師為是誰誰之弟
子二子白言大王彼雲雷音宿王華智佛今
在七寶菩提樹下法座上坐於一切世間天
人衆中廣說法華經是我等師我是弟子父
語子言我今亦欲見汝等師可共俱往於是
二子從空中下到其母所合掌白母父王今
已信解堪任發阿耨多羅三藐三菩提心我
等為父已作佛事願母見聽於彼佛所出家
脩道尒時二子欲重宣其意以偈白母

BD00097　妙法蓮華經卷七

信解堪任發阿耨多羅三藐三菩提心
我等為父已作佛事願母見聽於彼佛所出家
脩道尒時二子欲重宣其意以偈白母
願母放我等　出家作沙門　諸佛甚難值　我等隨佛學
如優曇波羅　值佛復難是　脫諸難亦難　願聽我出家
母即告言聽汝出家所以者何佛難值故於
是二子白父母言善哉父母願時往詣雲雷
音宿王華智佛所親近供養所以者何佛難
得值如優曇波羅華又如一眼之龜值浮木
孔而我等宿福深厚生值佛法是故父母當
聽我等令得出家所以者何諸佛難值時亦
難遇彼時妙莊嚴王後宮八万四千人皆悉
堪任受持是法華經淨眼菩薩於法華三昧
久已通達淨藏菩薩已於无量百千万億劫
通達離諸惡趣三昧欲令一切衆生離諸惡

趣故其王夫人得諸佛集三昧能知諸佛祕
密之藏二子如是以方便力善化其父令心
信解好樂佛法於是妙莊嚴王與羣臣眷屬
俱淨德夫人與後宮釆女眷屬俱其王二子
與四万二千人俱一時共詣佛所到已頭面
礼足繞佛三帀却住一面尒時彼佛為王說
法示教利喜王大歡悅尒時妙莊嚴王及其
夫人解頸真珠瓔珞價直百千以散佛上於
虛空中化成四柱寶臺臺中有大寶床敷百
千万天衣其上有佛結跏趺坐放大光明尒
時妙莊嚴王作是念佛身希有端嚴殊特成
就第一微妙之色時雲雷音宿王華智佛告
四衆言汝等見是妙莊嚴王於我前合掌立
不此王於我法中作比丘精勤脩習助佛道
法當得作佛号娑羅樹王國名大光劫名大

法當得作佛号娑羅樹王國名大光劫名大
高王其娑羅樹王佛有无量菩薩衆及无量
聲聞其國平正功德如是其王即時以國付
弟與夫人二子并諸眷屬於佛法中出家脩
道王出家已於八万四千歲常勤精進脩行
妙法華經過是已後得一切淨功德莊嚴三
昧即昇虛空高七多羅樹而白佛言世尊此
我二子已作佛事以神通變化轉我耶心令
得安住於佛法中得見世尊此二子者是我
善知識為欲發起宿世善根饒益我故來生
我家尒時雲雷音宿王華智佛告妙莊嚴王
言如是如是如汝所言若善男子善女人種
善根故世世得善知識其善知識能作佛事
示教利喜令入阿耨多羅三藐三菩提大王

當知善知識者是大因緣所謂化導令得見
佛發阿耨多羅三藐三菩提心大王汝見此
二子不此二子已曾供養六十五百千万億
那由他恒河沙諸佛親近恭敬於諸佛所受
持法華經愍念邪見衆生令住正見妙莊嚴
王即從虛空中下而白佛言世尊如來甚希
有以功德智慧故頂上肉髻光明顯照其眼
長廣而紺青色眉間毫相白如珂月齒白齊
密常有光明脣色赤好如頻婆菓尒時妙莊
嚴王讚歎佛如是䒭无量百千万億功德已
於如來前一心合掌復白佛言世尊未曾有
也如來之法具足成就不可思議微妙功德
教戒所行安隱快善我從今日不復自隨心
行不生邪見憍慢瞋恚諸惡之心說是語已
礼佛而出佛告大衆於意云何妙莊嚴王豈

BD00097　妙法蓮華經卷七

礼佛而出佛告大衆於意云何妙莊嚴王豈
異人乎今華德菩薩是其淨德夫人今佛前
光照莊嚴相菩薩是哀愍妙莊嚴王及諸眷
屬故於彼中生其二子者今藥王菩薩藥上
菩薩是是藥王藥上菩薩成就如此諸大功
德已於无量百千万億諸佛所殖衆德本成
就不可思議諸善功德若有人識是二菩薩
名字者一切世間諸天人民亦應礼拜佛說
是妙莊嚴王本事品時八万四千人遠塵離
垢於諸法中得法眼淨

妙法蓮華經普賢菩薩勸發品第二十八

尒時普賢菩薩以自在神通威德名聞與大
菩薩无量无邊不可稱數從東方來所經諸
國普皆震動雨寶蓮華作无量百千万億種

種伎樂又與无數諸天龍夜叉乾闥婆阿脩
羅迦樓羅緊那羅摩睺羅伽人非人等大衆
圍繞各現威德神通之力到娑婆世界耆闍
崛山中頭面礼釋迦牟尼佛右繞七帀白佛
言世尊我於寶威德上王佛國遥聞此娑婆
世界說法華經與无量无邊百千万億諸菩
薩衆共来聽受唯願世尊當為說之若善男
子善女人於如来滅後云何能得是法華經
佛告普賢菩薩若善男子善女人成就四法
於如来滅後當得是法華經一者為諸佛護
念二者殖衆德本三者入正定聚四者發救
一切衆生之心善男子善女人如是成就四
法於如来滅後必得是經尒時普賢菩薩白
佛言世尊於後五百歲濁惡世中其有受持
是經典者我當守護除其衰患令得安隱使

BD00097　妙法蓮華經卷七

佛言世尊於後五百歲濁惡世中其有受持
是經典者我當守護除其衰患令得安隱使
无伺求得其便者若魔若魔子若魔女若魔
民若為魔所著者若夜叉若羅刹若鳩槃荼
若毗舍闍若吉蔗若冨單那若韋陁羅等諸
惱人者皆不得便是人若行若立讀誦此經
我尒時乘六牙白象王與大菩薩衆俱詣其
所而自現身供養守護安慰其心亦為供養
法華經故是人若坐思惟此經尒時我復乘
白象王現其人前其人若於法華經有所忘
失一句一偈我當教之與共讀誦還令通利
尒時受持讀誦法華經者得見我身甚大歡
喜轉復精進以見我故即得三昧及陁羅尼
名為旋陁羅尼百千万億旋陁羅尼法音方

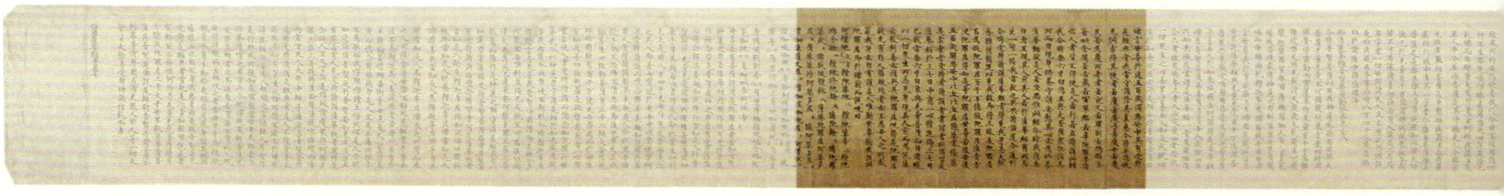

便陁羅尼得如是等陁羅尼世尊若後世後
五百歲濁惡世中比丘比丘尼優婆塞優婆
夷求索者受持者讀誦者書寫者欲脩習是
法華經於三七日中應一心精進滿三七日
已我當乘六牙白象與无量菩薩而自圍繞
以一切衆生所憙見身現其人前而為說法
示教利喜亦復與其陁羅尼呪得是陁羅尼
故无有非人能破壞者亦不為女人之所惑
亂我身亦自常護是人唯願世尊聽我說此
陁羅尼即於佛前而說呪曰
阿檀地途賣反一 檀陁婆地二 檀陁婆帝三 檀陁
鳩舍隸四 檀陁脩陁隸五 脩陁隸六 脩陁羅
婆底七 佛馱波羶禰八 薩婆陁羅尼阿婆多
尼九 薩婆婆沙阿婆多尼十 脩阿婆多尼十一
僧加婆履叉尼十 僧加涅加陁尼十 阿僧祇十

BD00097　妙法蓮華經卷七

僧伽婆履叉尼二十僧伽涅伽陀尼三十阿僧祇四十
僧伽波伽地五十帝隸阿惰僧伽兜略盧遮反波
羅帝六十薩婆僧伽三摩地伽蘭地七十薩婆達
磨脩波利刹帝八十薩婆薩埵樓馱憍舍略阿
㝹伽地九十辛阿毗吉利地帝二十
世尊若有菩薩得聞是陁羅尼者當知普賢
神通之力若法華經行閻浮提有受持者應
作此念皆是普賢威神之力若有受持讀誦
正憶念解其義趣如說脩行當知是人行普
賢行於无量无邊諸佛所深種善根為諸如
来手摩其頭若但書寫是人命終當生忉利
天上是時八万四千天女作衆伎樂而来迎
之其人即著七寶冠於婇女中娛樂快樂何
況受持讀誦正憶念解其義趣如說脩行若

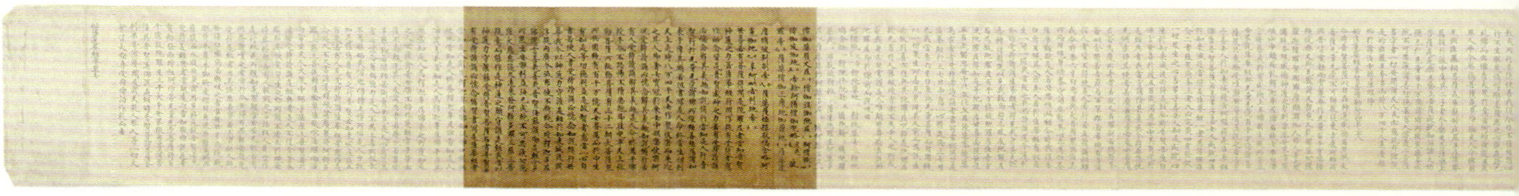

有人受持讀誦解其義趣是人命終爲千佛
授手令不恐怖不墮惡趣即往兜率天上弥
勒菩薩所弥勒菩薩有三十二相大菩薩衆
所共圍繞有百千万億天女眷屬而於中生
有如是等功德利益是故智者應當一心自
書若使人書受持讀誦正憶念如說脩行世
尊我今以神通力守護是經於如来滅後閻
浮提内廣令流布使不斷絶尒時釋迦牟尼
佛讚言善哉善哉普賢汝能護助是經令多
所衆生安樂利益汝已成就不可思議功德
深大慈悲從久遠来發阿耨多羅三藐三菩
提意而能作是神通之願守護是經我當以
神通力守護能受持普賢菩薩名者普賢若
有受持讀誦正憶念脩習書寫是法華經者
當知是人則見釋迦牟尼佛如從佛口聞此

BD00097　妙法蓮華經卷七

有受持讀誦正憶念脩習書寫是法華經者
當知是人則見釋迦牟尼佛如從佛口聞此
經典當知是人供養釋迦牟尼佛當知是人
佛讚善哉當知是人為釋迦牟尼佛手摩其
頭當知是人為釋迦牟尼佛衣之所覆如是
之人不復貪著世樂不好外道經書手筆亦
復不憙親近其人及諸惡者若屠兒若畜猪
羊雞狗若獵師若衒賣女色是人心意質直
有正憶念有福德力是人不為三毒所惱亦
不為嫉妬我慢邪慢增上慢所惱是人少欲
知足能脩普賢之行普賢若如來滅後後五
百歲若有人見受持讀誦法華經者應作是
念此人不久當詣道場破諸魔衆得阿耨多
羅三藐三菩提轉法輪擊法鼓吹法螺雨法

而當坐天人大衆中師子法座上普賢若於
後世受持讀誦是經典者是人不復貪著衣
服卧具飲食資生之物所願不虛亦於現世
得其福報若有人輕毀之言汝狂人耳空作
是行終无所獲如是罪報當世世无眼若有
供養讚嘆之者當於今世得現果報若復見
受持是經者出其過惡若實若不實此人現
世得白癩病若輕咲之者當世世牙齒踈缺
醜脣平鼻手脚繚戾眼目角睞身體臭穢惡
瘡膿血水腹短氣諸惡重病是故普賢若見
受持是經典者當起遠迎當如敬佛說是普
賢勸發品時恒河沙等无量无邊菩薩得百
千億旋陁羅尼三千大千世界微塵等諸菩
薩具普賢道佛說是經時普賢等諸菩薩舍
利弗等諸聲聞及諸天龍人非人等一切大

利弗等諸聲聞及諸天龍人非人等一切大
會皆大歡喜受持佛語作礼而去

妙法蓮華經卷第七

BD00098　無量壽宗要經（甲本）

BD00098v-1　藏文勘記

BD00098v-2　雜寫

179.5cm × 30cm

大乘无量壽經

如是我聞一時薄伽梵在舍衛國祇樹給孤獨園與大苾芻僧千二百五十人大菩薩摩訶薩
衆俱爾會坐尔時世尊告曼殊室利童子曼殊上方有世界名无量功德聚彼土有佛号
无量智决定王如來阿羅呵三藐三菩提現為衆生開示說法曼殊諦聽南閻浮提人皆
短壽大限百年於中夭枉橫死者衆曼殊如是无量壽如來功德名稱法要若有衆生
得聞名号若自書或使人書能為經卷受持讀誦若於舍宅所住之處以種種花鬘瓔珞塗
香末香而為供養如其命盡復得延年滿足百歲如是曼殊若有衆生得聞是无
量无智決定王如來一百八名号者益其長壽若有衆生大命將盡憶念是如來名
号更得增壽如是曼殊若有善男子善女人欲求長壽於是无量壽如來一百八名
有得聞者或自書若使人書受持讀誦得如是等果報福德具足陁羅尼日
南謨薄伽勃底一阿波唎蜜哆二阿喻紇硯娜三須毗你悉指陁四囉佐耶五怛他羯他耶六怛姪他七唵
薩婆桑悉迦囉八波唎輸底九達磨底十伽伽娜十一莎訶某持伽底十二薩婆婆毗輸底十三摩
訶娜耶十四波唎婆唎莎訶 十五　世尊復告曼殊室利如是如來一百八名号若有自書
或使人書為經卷受持讀誦如壽命盡復滿百年壽終此身後得往生无量福智世界无量
壽淨土陁羅尼日　南謨薄伽勃底一阿波唎蜜哆二阿喻紇硯娜三須毗你悉指陁四囉佐

壽淨土陁羅尼曰　南謨薄伽勃底一阿波唎蜜哆二阿喻紇硯娜三須毗你悉指陁四囉佐
耶五怛他羯他耶六怛姪他唵七薩婆桑悉迦囉八波唎輸底九達磨底十伽伽娜十一莎訶某
持伽底十二薩婆婆毗輸底十三摩訶娜耶十四波唎婆唎莎訶十五
尒時復有九十九姟佛等一時同聲説是无量壽宗要經陁羅尼曰　南謨薄伽勃底一阿波
唎蜜哆二阿喻紇硯娜三須毗你悉指陁四囉佐耶五怛他羯他耶六怛姪他唵七薩婆桑悉
迦囉八波唎輸底九達磨底十伽伽娜十一莎訶某持伽底十二薩婆婆毗輸底十三摩訶娜耶十四波唎婆唎莎訶
尒時復有一百四姟佛一時同聲説是无量壽宗要經陁羅尼曰　南謨薄伽勃底一阿波唎蜜哆二阿喻紇硯
娜三須毗你悉指陁四囉佐耶五怛他羯他耶六怛姪他唵七薩婆桑悉迦囉八波唎輸底九達磨
底十伽伽娜十一莎訶某持伽底十二薩婆婆毗輸底十三摩訶娜耶十四波唎婆唎莎訶十五
尒時復有七姟佛一時同聲説是无量壽宗要經陁羅尼曰　南謨薄伽勃底一阿波唎蜜哆二阿喻紇
硯娜三須毗你悉指陁四囉佐耶五怛他羯他耶六怛姪他唵七薩婆桑悉迦囉八波唎輸底九達磨
底十伽伽娜十一莎訶某持伽底十二薩婆婆毗輸底十三摩訶娜耶十四波唎婆唎莎訶十五
尒時復有六十五姟佛一時同聲説是无量壽宗要經陁羅尼曰　南謨薄伽勃底一阿波唎蜜哆二阿喻
紇硯娜三須毗你悉指陁四囉佐耶五怛他羯他耶六怛姪他唵七薩婆桑悉迦囉八波唎輸底九達磨
底十伽伽娜十一莎訶某持伽底十二薩婆婆毗輸底十三摩訶娜耶十四波唎婆唎莎訶十五
尒時復有五十五姟佛一時同聲説是无量壽宗要經陁羅尼曰　南謨薄伽勃底一阿波唎蜜哆二阿喻

尒時復有五十五姟佛一時同聲說是无量壽宗要經陀羅尼曰 南謨薄伽勃底一 阿波唎蜜哆二 阿喻
紇硯娜三 須毗你悉指陀四 囉佐耶五 怛他羯他耶六 怛姪他唵七 薩婆桑悉迦囉八 波唎輸底
達磨底十 伽伽娜十一 莎訶某持伽底十二 薩婆毗輸底十三 摩訶娜耶十四 波唎婆唎莎訶十五
尒時復有四十五姟佛一時同聲說是无量壽宗要經陀羅尼曰 南謨薄伽勃底一 阿波唎蜜哆二 阿
喻紇硯娜三 須毗你悉指陀四 囉佐耶五 怛他羯他耶六 怛姪他唵七 薩婆桑悉迦囉八 波唎輸底九 達
磨底十 伽伽娜十一 莎訶某持伽底十二 薩婆毗輸底十三 摩訶娜耶十四 波唎婆唎莎訶
尒時復有三十六姟佛一時同聲說是无量壽宗要經陀羅尼曰 南謨薄伽勃底一 阿波唎蜜哆二 阿喻紇
硯娜三 須毗你悉指陀四 囉佐耶五 怛他羯他耶六 怛姪他唵七 薩婆桑悉迦囉八 波唎輸底九 達
磨底十 伽伽娜十一 莎訶某持伽底十二 薩婆毗輸底十三 摩訶娜耶十四 波唎婆唎莎訶十五
尒時復有二十五姟佛一時同聲說是无量壽宗要經陀羅尼曰 南謨薄伽勃底一 阿波唎蜜哆二 阿喻
紇硯娜三 須毗你悉指陀四 囉佐耶五 怛他羯他耶六 怛姪他唵七 薩婆桑悉迦囉八 波唎輸底九 達磨
底十 伽伽娜十一 莎訶某持伽底十二 薩婆毗輸底十三 摩訶娜耶十四 波唎婆唎莎訶十五
尒時復有恒河沙姟佛一時同聲說是无量壽宗要經陀羅尼曰 南謨薄伽勃底一 阿波唎蜜哆二 阿
喻紇硯娜三 須毗你悉指陀四 囉佐耶五 怛他羯他耶六 怛姪他唵七 薩婆桑悉迦囉八 波唎輸底九
達磨底十 伽伽娜十一 莎訶某持伽底十二 薩婆毗輸底十三 摩訶娜耶十四 波唎婆唎莎訶十五
善男子若有自書寫教人書寫是无量壽宗要經如其命盡復得長壽而滿年陀羅尼曰

善男子若有自書寫教人書寫是无量壽宗要經如其命盡復得長壽而滿年陀羅尼曰
南謨薄伽勃底一阿波唎蜜哆二阿喻紇硯娜三須毗你悉指陀四囉佐耶五怛他揭他耶六怛
姪他唵七薩婆桑悉迦囉八波唎輸底九達磨底十伽伽娜十一莎訶某持伽底十二薩婆毗
輸底十三摩訶娜耶十四波唎婆唎莎訶　若有自書寫教人書寫是无量壽宗要經讀誦受持畢竟
不墮地獄在在所生得宿命智陀羅尼曰　南謨薄伽勃底一阿波唎蜜哆二阿喻紇硯娜三須毗
你悉指陀四囉佐耶五怛他揭他耶六怛姪他唵七薩婆桑悉迦囉八波唎輸底九達磨底十伽迦
娜十一莎訶某持伽底十二薩婆毗輸底十三摩訶娜耶十四波唎婆唎莎訶十五
若有自書寫教人書寫是无量壽宗要經受持讀誦如同書寫八万四千一切經典陀羅尼曰
南謨薄伽勃底一阿波唎蜜哆二阿喻紇硯娜三須毗你悉指陀四囉佐耶五怛他揭他耶六怛
姪他唵七薩婆桑悉迦囉八波唎輸底九達磨底十伽迦娜十一莎訶某持伽底十二薩婆毗輸
底十三摩訶娜耶十四波唎婆唎莎訶　若有自書寫教人書寫是无量壽宗要經即是書
寫八万四千部建立塔廟陀羅尼曰　南謨薄伽勃底一阿波唎蜜哆二阿喻紇硯娜三須毗你悉
指陀四囉佐耶五怛他揭他耶六怛姪他唵七薩婆桑悉迦囉八波唎輸底九達磨底十伽伽娜
莎訶某持伽底十二薩婆毗輸底十三摩訶娜耶十四波唎婆唎莎訶十五
若有自書寫教人書寫是无量壽宗要經能消五无間等一切重罪陀羅尼曰南謨薄伽勃底
阿波唎蜜哆二阿喻紇硯娜三須毗你悉指陀四囉佐耶五怛他揭他耶六怛姪他唵七薩婆桑悉迦囉

阿波唎蜜哆二阿喻紇硯娜三須毗你悉指陁四囉佐耶五怛他羯他耶六怛姪他唵七薩婆桑悉迦囉
波唎輸底九達磨底十伽伽娜十一莎訶其持迦底十二薩婆〻毗輸底十三摩訶娜耶十四波唎婆唎莎訶
若有自書寫教人書寫是无量壽宗要經受持讀誦設有重罪猶如須弥盡能除滅陁羅尼曰
南謨薄伽勃底一阿波唎蜜哆二阿喻紇硯娜三須毗你悉指陁四囉佐耶五怛他羯他耶六怛姪他
唵七薩婆桑悉迦囉八波唎輸底九達磨底十伽伽娜十一莎訶其持迦底十二薩婆〻毗輸底十三
摩訶娜耶十四波唎婆唎莎訶十五　若有自書寫教人書寫是无量壽宗要經受持讀誦若魔〻
之眷屬夜叉羅剎不得其便終无枉死陁羅尼曰　南謨薄伽勃底一阿波唎蜜哆二阿喻紇硯娜
三須毗你悉指陁四囉佐耶五怛他羯他耶六怛姪他唵七薩婆桑悉迦囉八波唎輸底九達磨底十
伽伽娜十一莎訶其持迦底十二薩婆〻毗輸底十三摩訶娜耶十四波唎婆唎莎訶十五
若有自書寫教人書寫是无量壽宗要經受持讀誦當命終時有九十九拘胝佛現其人前蒙千佛
授手能遊一切佛剎莫於此經生於疑惑陁羅尼曰　南謨薄伽勃底一阿波唎蜜哆二阿喻紇硯
娜三須毗你悉指陁四囉佐耶五怛他羯他耶六怛姪他唵七薩婆桑悉迦囉八波唎輸底九達磨
底十伽伽娜十一莎訶其持迦底十二薩婆〻毗輸底十三摩訶娜耶十四波唎婆唎莎訶十五
若有自書寫教人書寫是无量壽宗要經受持讀誦常得四天大王隨其衛護陁羅尼曰
南謨薄伽勃底一阿波唎蜜哆二阿喻紇硯娜三須毗你悉指陁四囉佐耶五怛他羯他耶六怛
姪他唵七薩婆桑悉迦囉八波唎輸底九達磨底十伽伽娜十一莎訶其持迦底十二薩婆〻毗輸

娃他唵七薩嚩桒悉迦囉八波唎輸底九達磨底十伽迦娜十一莎訶其持迦底十二薩嚩毗輸
底十三摩訶娜耶十四波唎婆唎莎訶十五　若有自書寫教人書寫是无量壽宗要經受持讀誦當
得往生西方極樂世界阿弥陁淨土陁羅尼曰　南謨薄伽勃底一阿波唎蜜哆二阿喻紇硯娜三
須毗你悉指陁四囉佐耶五怛他羯他耶六怛姪他唵七薩嚩桒悉迦囉八波唎輸底九達磨底
伽迦娜十一莎訶其持迦底十二薩嚩毗輸底十三摩訶娜耶十四波唎婆唎莎訶十五
若有方所自書寫使人書寫是无量壽經典之處則爲是塔皆應恭敬作礼若是畜生或爲鳥
獸得聞是經如是等類皆當不久得成一切種智陁羅尼曰　南謨薄伽勃底一阿波唎蜜哆
阿喻紇硯娜三須毗你悉指陁四囉佐耶五怛他羯他耶六怛姪他唵七薩嚩桒悉迦囉八波唎輸底
達磨底十伽迦娜十一莎訶其持迦底十二薩嚩毗輸底十三摩訶娜耶十四波唎波唎莎訶十五
若有於是无量壽經自書寫若使人書畢竟不受女人之身陁羅尼曰　南謨薄伽勃底一阿波
唎蜜哆二阿喻紇硯娜三須毗你悉指陁四囉佐耶五怛他羯他耶六怛姪他唵七薩嚩桒悉迦囉八
波唎輸底九達磨底十伽迦娜十一莎訶其持迦底十二薩嚩毗輸底十三摩訶娜耶十四波唎婆唎莎訶
若有能於是經少分能惠施者等於三千大千世界滿中七寶布施陁羅尼曰　南謨薄伽勃底一阿波
唎蜜哆二阿喻紇硯娜三須毗你悉指陁四囉佐耶五怛他羯他耶六怛姪他唵七薩嚩桒悉迦囉八波唎輸
底九達磨底十伽迦娜十一莎訶其持迦底十二薩嚩毗輸底十三摩訶娜耶十四波唎婆唎莎訶十五
若有能供養是經者則是供養一切諸經等无有異陁羅尼曰　南謨薄伽勃底一阿波唎蜜哆

若有能供養是経者則是供養一切諸経等无有異陁羅尼曰　南謨薄伽勃底一阿波唎蜜哆
南謨薄伽勃底一阿波唎蜜哆二阿喻紇硯娜三須毗你悉指陁四囉佐耶五怛他羯他耶六怛姪他唵七
薩婆桑悉迦囉八波唎輸底九達磨底十伽迦娜十一莎訶其持迦底十二薩婆婆毗輸底十三摩訶娜耶十四波唎婆唎莎訶
如是毗婆尸佛　尸弃佛毗舍浮佛　俱留孫佛　俱那含牟尼佛　迦葉佛　釋迦牟尼佛
若有人以七寶供養如是七佛其福有限書寫受持是无量壽経典所有功德不可限量陁羅尼曰
南謨薄伽勃底一阿波唎蜜哆二阿喻紇硯娜三須毗你悉指陁四囉佐耶五怛他羯他耶六怛姪
他唵七薩婆桑悉迦囉八波唎輸底九達磨底十伽迦娜十一莎訶其持迦底十二薩婆婆毗輸底
摩訶娜耶十四波唎婆唎莎訶　若有七寶等於須弥以用布施其福上能知其限量是无量
壽経典其福不可知數陁羅尼曰　南謨薄伽勃底一阿波唎蜜哆二阿喻紇硯娜三須毗你悉指
陁四囉佐耶五怛他羯他耶六怛姪他唵七薩婆桑悉迦囉八波唎輸底九達磨底十伽迦娜十一莎訶其
持迦底十二薩婆婆毗輸底十三　摩訶娜耶十四波唎婆唎莎訶十五
如是四大海水可知滴數是无量壽経典所生果報不可數量陁羅尼曰
南謨薄伽勃底一阿波唎蜜哆二阿喻紇硯娜三須毗你悉指陁四囉佐耶五怛他羯他耶六怛姪
他唵七薩婆桑悉迦囉八波唎輸底九達磨底十伽迦娜十一莎訶其持迦底十二薩婆婆毗輸底
摩訶娜耶十四波唎婆唎莎訶十五　若有自書使人書寫是无量壽経典又能讓持
供養即如恭敬供養一切十方佛土如来无有別異陁羅尼曰　南謨薄伽勃底一阿波唎蜜哆

供養即如恭敬供養一切十方佛土如來无有別異陁羅尼日 南謨薄伽勃底阿波唎蜜哆
阿喻紇硯娜二 須毗你逝指陁囉佐耶五 怛他羯他耶六 怛姪他唵七 薩婆桑悉迦囉八 波唎輸底九 達
磨底十 伽迦娜十一 莎訶其特伽底十二 薩婆毗輸底十三 摩訶娜耶十四 波唎婆唎莎訶十五
布施力能成正覺　悟布施力人師子　布施力能聲普聞　慈悲階漸最能入
持戒力能成正覺　悟持戒力人師子　持戒力能聲普聞　慈悲階漸最能入
忍辱力能成正覺　悟忍辱力人師子　忍辱力能聲普聞　慈悲階漸最能入
精進力能成正覺　悟精進力人師子　精進力能聲普聞　慈悲階漸最能入
禪定力能成正覺　悟禪定力人師子　禪定力能聲普聞　慈悲階漸最能入
智慧力能成正覺　悟智慧力人師子　智慧力能聲普聞　慈悲階漸最能入
尒時　如來　說是　經已一切世間　天人阿脩羅　揵闥婆　等聞
佛所說　皆　大　歡　喜　信　受奉行
佛說无量壽宗要經

田廣談

BD00098v-1　藏文勘記

社司轉帖　右緣年支春座局

[illegible]自首不

BD00098v-2　雜寫

圖書在版編目（CIP）數據

中國國家圖書館藏敦煌文獻．第七册 / 中國國家圖書館編．—北京：國家圖書館出版社，2023.12

ISBN 978-7-5013-7882-1

Ⅰ．①中… Ⅱ．①中… Ⅲ．①敦煌學－文獻 Ⅳ．①K870.6

中國國家版本館 CIP 數據核字（2023）第 211110 號

書　　名　中國國家圖書館藏敦煌文獻·第七册
著　　者　中國國家圖書館　編
項目統籌　魏　崇　殷夢霞
責任編輯　潘　竹　程魯潔　黄　鑫　苗文葉
責任校對　劉宇石　王　衡

出版發行　國家圖書館出版社（北京市西城區文津街 7 號　100034）
（原書目文獻出版社　北京圖書館出版社）
010-66114536　63802249　nlcpress@nlc.cn（郵購）
網　　址　http://www. nlcpress. com
排版印裝　天津裕同印刷有限公司
版次印次　2023 年 12 月第 1 版　2023 年 12 月第 1 次印刷

開　　本　787×1092　1/8
印　　張　39
書　　號　ISBN 978-7-5013-7882-1
定　　價　2800.00 圓